046

フジトクとの出会いは運命だった

杉山仁朗

富士特殊紙業 会長

中経マイウェイ新書

目次

はじめに

夢が人をつくる。夢を実現させていく中で人が育っていく。それが会社づくりだ。

富士特殊紙業、すなわちフジトクはパッケージ産業の草分けとして、社会のニーズに応える形で技術開発、製品開発に打ち込んできた。そこから「PACKAGE　WORLD」という言葉に集約されるような会社づくり、人づくりを進めてきた。

会社を最初に始めたのが静岡県富士市で生まれ育った土屋孝志、私の義父だ。そして現在、私の息子、真一郎が社長を務めている。

私たちが現在まで3代続けている食品のための包装材、つまりパッケージをつくる仕事は、この先もずっとなくなることはないだろう。お菓子もソーセージも冷凍食品も、ふりかけもカツオ節も、パッケージがなければ家庭まで届かない。

そんな仕事を続けているフジトクの会社づくり、人づくりについて、これから3部構成で語っていきたいと思う。

第1部は「PACKAGE WORLDの構築」だ。移転しながら会社の規模を大きくしてきた、リエンジニアリングの歴史を振り返る。

第2部「開発の足跡」では、水性グラビア印刷や「FUJI・M・O」など、これまで行ってきた技術開発、製品開発と、それにともなう海外進出の取り組みを紹介する。

第3部「地域とともに」では、瀬戸市に本社工場を構えて「瀬戸ものになる」と決意して進めている地域貢献の取り組みを紹介する。

テーマごとに話を進めるので、時系列通りにはいかないことを、あらかじめご了承いただきたい。

筆者近影

第1部　PACKAGE WORLDの構築

創業者、土屋孝志

初めて会った時の印象は今も忘れない。とても鋭い眼光だった。土屋孝志《たかし》は富士特殊紙業の創業者であり、私の義父、つまり妻の実父である。甘いものが好きだった義父は戦後、アメリカから入ってきたキャンディー、キャラメル、チョコレートに魅了された。同時に、それらを包んでいた美しいパッケージに感動し、日本中に「美しく包まれた菓子」を届けたいと思うようになった。

この思いこそ後年、瀬戸市に本社工場を開設した際にモットーとして掲げた「PACKAGE　WORLD」の根底にあるものだ。そしてこれを構築する

ために リエンジニアリング、すなわち業務の流れを再構築し、最適化することを繰り返してきた。

リエンジニアリングは義父もよく使っていた言葉だ。

「リストラのような後ろ向きの再構築ではなく、前進の再構築をしろ」と。

1947(昭和22)年、24歳だった義父は生まれ故郷の富士市で包装紙の製造を始めた。それまで銀行勤めをしていて、当時、包装紙の製造については全く素人だった。だが、菓子を美しく包む仕事をしたいという思いは抑え難かった。

当時、食品を包む包装紙の主流は耐水性、耐油性に優れたパラフィン紙などだった。その原料となるパラフィンの統制を管轄している通商産業省(現・経済産業省)に行けば、この情報をつかめると考え、早速上京した。

随分大胆な行動力だと思う。また、色彩感覚の優れた人だった。同時に経営者としては堅実で、仕事に対する姿勢は一途でもあった。そして初対面の人に強い印象を与えた。

通産省で対応した高知尾光治さんも義父に心ひかれるものを感じたようだ。パラフィンの使用権に関するさまざまな知識を惜しげもなく、ていねいに教えた。

入手法は分かった。だが問題は、そのパラフィンを紙に塗布してパラフィン紙を作る技術と、設備投資のための資金がないことだった。

若き日の義父、土屋孝志

包装紙の製造委託

包装紙製造の技術も設備も、そして資金もなかったが、技術と設備を持つ会社に製造を委託することを思いつく。義父の生まれ育った富士市には、紙にパラフィンを塗布してパラフィン紙を作ることができる印刷機械を持った工場があった。

こうして１９４７（昭和22）年、義父は勤めていた銀行を辞め、妻の芳江《よしえ》とともに包装紙作りを始めた。

製紙会社から紙を仕入れ、配給制だったパラフィンを入手し、印刷工場でパラフィン紙を製造してもらい、販売した。何もかもが不足していた時代のことなので、作る先から飛ぶように売れたという。

義父が妻と始めた事業は「波に乗った」と言ってもいい。注文が増えると２

人は忙しくなり、人手を増やす必要に気づいた。

必要に迫られると、それに対する手を打つ。堅実な義父はこの後もそうして事業を大きくしていったが、この時もそうだったに違いない。

もともとアメリカの菓子に魅せられてこの仕事を始めて、食品の包装紙の専業メーカーを目指した。販売先はもちろん食品メーカーだ。食品メーカーでニーズをつかみ、材料メーカーと連携してニーズに応える技術を生み出し、製品を開発していった。

事業は順調だった。絶対にこの仕事はうまくいくと確信も持っていたという。その後もいろいろな局面にぶつかり、何度も危機を乗り越えたが、「人との出会いに恵まれていた」と述懐していた。

同業者は全国に15社くらいあったが、それ以上に市場が広がっていった。また、包装紙製造を専業にしているところは、他にはほとんどなかったことが強みになった。

義父たちは自分たちの工場を持つ、という目的を持って必要な技術を習得し、販売先との関係を構築していった。

義父の土屋孝志とその妻、芳江

フジトクの設立

食品包装紙のメーカーとして事業を軌道に乗せつつあった義父は、ついに自分たちの工場を持つことになった。場所は国鉄（現・ＪＲ）富士駅の南側。生産委託事業で蓄えた資金を元に、ここに工場を建設した。

そして１９５０（昭和25）年３月、株式会社として富士特殊紙業、通称フジトクを設立した。それまでに関東、中部の食品メーカー、菓子メーカーと親密な信頼関係を築いており、会社設立時には敷島製パン、春日井製菓、松永製菓など、中部地方のメーカーが株主になってくれた。

設立の翌年には、早くも資本金の増資も行った。「防湿セロファン」を包装紙用に加工するためだ。

美しい図柄を印刷できる透明なセロファンは、水を通すので食品の包装紙には適していなかった。そこで、セロファンに特殊なコーティングを施した防湿セロファンを利用することになった。そのための技術開発を、名古屋市の二村化学工業（現・フタムラ化学）と連携して行った。

これは、中部地方の取引先がキャラメルの包装紙として採用し、やがて全国に広がった。

こうしたこともあって、フジトクは中部地方との結びつきが強くなっていった。そこで54（昭和29）年、名古屋事務所を開設。名古屋市西区江中町（現・城西）の水あめ工場を購入し、ここを自社工場とした。

さらに55（昭和30）年、ここに本社機能と工場設備を移転し、取引先の要望により迅速に対応できるようにした。西区には多くの菓子メーカー、菓子問屋が集まっていたので、立地として申し分なかった。

事業開始からわずか8年で、本社を富士市から名古屋市に移転したことになる。知識や技術もなく包装紙製造を始めた義父は大胆だったが、この身軽さにも驚くしかない。しかし、これがフジトクの企業体質にもなっていった。56（昭和31）年5月には名古屋市港区七番町に港工場を新設。名古屋への本社移転で増えていった仕事に対応できるようにした。

また、義父は本社移転を機に、それまでの家族経営から本格的な企業としての基盤固めにも取り組んでいった。

名古屋市西区江中町の名古屋事務所

移転、また移転

本社を移転を機に、経営の本格化に取り組んだ。食品メーカーに経営内容を公開し、協力関係をより強固にした。

日本は高度成長期にあり、フジトクも食品メーカーとともに成長を続けた。1959（昭和34）年には春日井市に新工場を建設。食品メーカーとの関係を密にすることで生産規模も拡大し、さらに食品メーカーの注文に応えていった。

今にして思えば、名古屋に工場を建てる時、先を見越して大き目の工場にすれば良かったとも思う。だが、何事も慎重で堅実だった義父は、その時その時で必要な設備拡張を行った。焦らず急がずに、目の前の要望や課題に一つ一つ対応していった。広い視野で物事を見て小さい努力を積み重ねていくという意味の「着眼大局着手小局」を実践していった。

当時、わが社の取引先は製パン業者と菓子メーカーが中心だった。パンは製造日中に小売店に並べるものであり、菓子メーカーの主力だった駄菓子は種類が多く、包装紙メーカーには小回りの利く対応が求められた。工場を新しくするといっても、生産を止めることはできない。そのためいつも、計画的に、段階的に設備の移設を進めた。

名古屋市の港工場から春日井工場への移転は、設備の拡充を計画した時に春日井市の誘致があったからだが、大きな幸運ももたらした。この年、東海地方を伊勢湾台風が襲い、甚大な被害をもたらした。港工場のあった一帯は浸水したが、生産拠点を春日井に移していたことで難を逃れた。

その後もわが社は発展を続け、65（昭和40）年には年間売上高は10億8千万円となった。この年、横浜市港北区に東京工場を建設。関東以北への生産拠点とした。

さらに68（昭和43）年、工場を春日井市から名古屋市西区二方町に移転し、ここに本社機能も移して本社と工場を一体化。資本金も増額して会社として右肩上がりの成長を遂げた。

そして2年後の70（昭和45）年、縁あって私はフジトクに入社する。それはまさに会社が大きな危機に直面している時だった。

1959年、春日井市に新工場を建設

度重なる危機

順調に発展を続けていたわが社に1970（昭和45）年8月、とんだ災難がふりかかる。本社工場が火事になったのだ。

ほぼ全焼だった。ただ、印刷に必要な製版が無事だったのは不幸中の幸いと言える。翌日、版を東京工場に運び、本社工場の仕事の半分を回すことができた。

また、わが社と同じ印刷機械を使っている印刷会社十数社が夜間に設備を使わせてくれた。他にも関係各社の協力で、何とか難局を乗り切ることができた。

そのため、年間売上高は前年を上回り、翌年も伸び続けた。

本社工場の火災は確かに痛手だったが、これを機に春日井工場から移設した古い設備を新設備に切り替える良い機会にもなった。まさに「危機を好機に」だった。義父は危機に直面するとアドレナリンがガンガン出るのが分かると言っていた。だが、危機は火災だけではなかった。

73（昭和48）年、第1次オイルショックが起こった。パッケージの原料となるプラスチックの樹脂とフィルム、インキ、溶剤、接着剤などすべての原材料の価格が高騰し、さらに物価上昇で食料品の売り上げも減少し、それらに使われるパッケージの需要が落ち込んだ。

ただ、悪いことばかりではなかった。70年代には日本でスーパーが増え、コンビニも出現し、これが食品販売のあり方を大きく変えていった。つまり、スーパー、コンビニではお客がレジまで商品をそのまま持ってくるので、あらゆる商品が最初からパッケージに包まれていなければならなくなった。わが社にも、これまでパッケージにされたことのない商品をパッケージ化するための、新しい技術開発が求められた。

この新しい技術開発のため、わが社はフィルムメーカーとの連携に一層の力を入れ、新しい分野の取引先の拡大にも努めた。

70年に入社して以来、私も技術開発、販路拡大、人材確保に取り組んだ。そして80年代に入ると、わが社はまた新しいステージに上がることになる。

ほぼ全焼した本社工場

新天地探し

１９６５（昭和40）年、東京工場では、会社が発展し、仕事が増えるにつれ、生産能力が限界を迎えていた。また、横浜市が進める「港北ニュータウン計画」の道路建設予定地に、工場の一角が含まれていることが分かり、社としての対応を迫られていた。

建設予定地にはインキや有機溶剤などの倉庫があった。有機溶剤は臭いが強く、可燃性も高いため、それを置いておく倉庫の場所にも監督官庁の認可が必要だ。新しいまちづくりが進む地域で、その代替地を見つけることは難しく、最終的に東京工場そのものの移転を決めた。83（昭和58）年のことだ。

東京工場の移転計画の立案には、横浜市が親身になって協力してくれた。候補地探しに当たって広く情報を集めた。そんな中、84（昭和59）年、三井物産から「柏原工業団地」（茨城県石岡市柏原）にあるプラスチック・フィルム工場を買い取らないかという話が持ち込まれた。

柏原工業団地は73（昭和48）年に造成され、東洋製罐、松下電器産業（現・パナソニック）など約40社が操業していた。その中のプラスチック・フィルム工場が経営不振に陥り、三井物産の傘下に入って経営の建て直しを模索していた。しかし再建のめどが立たず、売却を決めたという。

そのプラスチック・フィルム工場はまだ築5年で、敷地面積は東京工場の5倍、本社工場の2倍近い2万3千平方メートルあり、現地に赴いた私はすっかり気に入ってしまった。

これだけの広さがあれば、東日本での仕事がこれから増えていっても対応でき、さらなる飛躍の可能性もある。そう感じた私は、この時ばかりは大胆になった。義父の決裁を求める前であったが、心の中では購入を決めていた。

東京工場の柏原工業団地への移転を誰よりも喜んでくれたのは横浜市だった。「港北ニュータウン計画」の道路建設も、反対運動は大きく盛り上がることなく進んだ。

義父は私の判断を信頼してくれた。そして移転先の整備に関して徹底的な地盤対策を指示した。

横浜にあった東京工場

筑波工場

地盤対策としてできるだけ多くの杭を打つようにと指示を出した。これは旧東京工場はとても地盤が弱く、約20年間に1メートル近い地盤沈下が起こっていたからだ。

さらに最新機械を設置し、原材料や製品を自動搬送して保管するファクトリー・オートメーションも導入。22億円を投じて最新鋭の工場を完成させた。工場内の衛生管理にも注力した。食品専門のパッケージメーカーとして衛生管理は必須であり、職場環境としても重要だ。

菓子、スナック類の包装袋の製造には油性の接着剤が使われていた。接着剤の臭いが工場内にも発散し、菓子などの袋の中にもこもった。そこで、アメリカ製の臭わない水性の接着剤を採用。ただ、水性接着剤は乾きにくいので、乾燥能力の高いイタリア製印刷機を導入することになった。

空調設備も導入した。防虫・防塵対策、異物混入防止の設備も置き、食品工場並みの仕様に整えた。

仕入れシステムもリニューアルした。仕入れ口座を三井物産に集約し、仕入れから配送、支払いまでの業務を一括管理するシステムを構築。仕入れ先の理解と協力も得て、大幅な合理化を実現した。

この新工場は、同年開催された「つくば科学万博」にちなんで「筑波工場」と名付けた。つくば市の隣ではあったし、工場から筑波山を眺めることもできた。

当時、わが社には250人の社員がいた。その全員に交代で筑波工場を披露した。竹中工務店の協力を得て「つくば博」の見学も行い、新工場の新しくて清潔な設備を見せて、わが社の新しい姿と目指す未来像を共有した。

この筑波工場が社の成長をさらに後押しした。1984（昭和59）年9月期に88億円だった売上高は翌年、100億円を超え、90（平成2）年9月期には135億円となった。

その後も順調に稼働を続けていた筑波工場だが、ある日、とてつもない大災害に巻き込まれることになる。

1985年、最新鋭の筑波工場が完成

3・11

平成を生きた日本人の誰もが忘れない日、２０１１（平成23）年3月11日。

その日は金曜日で、私は本社で会議に出席していた。１９９６（平成８）年に私は社長に就任し、創業者で義父の土屋孝志会長は99（平成11）年に逝去していた。

午後2時46分。そこにいた全員が、明らかにいつもとは違う不穏で不吉な長い揺れを感じた。すぐにテレビをつけると、今まで体験したことのない災害が日本を襲っていることが分かった。

関東の筑波工場はどうなったのだろう――。

幸い、ケガ人は1人も出なかった。しかし、天井のほとんどが崩落し、当然、すぐにはパッケージの生産は不可能な状態だった。

ただ、ここでも不幸中の幸いがあった。筑波工場を開設する際、義父が地盤対策をしっかり行うよう指示したことで、床の損傷が少なくて済んだのだ。それはともかく、私はとっさに「土日が勝負だ」と思った。迅速な行動が必要だった。

まずは正確な情報を収集しなければならない。会議のために本社に来ていた東京支店長の伏見和則君、筑波工場工場長の天野弘造君に加え、工務部課長の曽我浩之君、私の息子で当時専務だった真一郎の4人が、とりあえずの救援物資を持ってその日の夜、車で現地に向かった。

真一郎からの報告で、印刷に欠かせない版を保管している立体倉庫が無事だと分かった。そこで第2便を手配。行きは可能な限り救援物資を乗せ、帰りは版などの無事な資材を運んでくるように命じた。

救援物資は取引先の食品メーカーの協力を得られ、調達できた。とてもありがたかった。運搬業務を委託している地元のイトー急行が4台のトラックを手配してくれて、救援部隊の第2便を送りだした。

こうして土日が明けた月曜日から本社工場（瀬戸市に移転、1993年）で筑波工場の仕事を代替できた。また、筑波工場の従業員約100人のうち、復旧に携わる人たちを除く約60人に、本社工場に来て仕事をしてもらうことにした。

だが、東日本は交通網も混乱し、簡単に60人もの人数を動かすことはできなかった。

震災に遭った筑波工場

復興への力

鉄道は止まり、道路も不通箇所が多かったが、筑波工場から約20キロの距離にある茨城空港からセントレアへ運航している便があることが分かった。その空路で筑波工場の従業員のうち約60人を運び、本社工場で働いてもらうことにした。

大災害があると、大勢の人たちがその生活に支障をきたす。生活する上で最も欠かせない基本は衣食住だ。私たちはそのうちの食に関わる仕事をしている。こんな時こそ、自らの職業を真っ当する社会的使命がある。

筑波工場の復旧工事は容易ではなかった。現地では建築業者が見つからなかったし、資材もなかった。そこで地元瀬戸市の鉄鋼建築会社に工事を依頼し、必要な資材もこちらから運んだ。その結果、2カ月で復旧工事を完了し、ゴールデンウィーク明けには筑波工場の業務を再開することができた。

だが、この時私たちは、単に元の状態に戻すのではなく、新しい価値を創造する復興を目標に掲げた。

もともと筑波工場は地震保険にも加入していて、機械の損害は全額を保証してくれることになっていた。さらに震災復興資金も活用し、最新鋭の機械設備を導入することにした。

ダメージを被ったのは建物や機械設備だけではなかった。筑波工場の従業員はもちろんのこと、全社員、いや、日本中の人たちが精神的にうちひしがれていた。

社員全員に元気を取り戻してもらおうと、全米グラビア協議会が主催する「ゴールデンシリンダー賞」に挑戦。この賞はグラビア印刷加工の技術成果を表彰するもので、わが社はパン粉メーカー大手、フライスターの製品で応募。

技術革新の部門で見事、金賞を獲得した。

震災から、工場を無事に復興させられたのは、何よりも社員たちの頑張りのおかげだ。そんな社員たちをねぎらうため、２０１２（平成22）年には、台湾への社員旅行を敢行した。

台湾への社員旅行

本社工場のリニューアル

時間を少し巻き戻すことにする。

1985（昭和60）年、筑波工場は当時の最新鋭の設備をもって完成した。この時、本社工場は開設から17年経っていて、筑波工場のように内外から驚嘆の声を集めた衛生管理技術も備えていなかった。当然、筑波工場と比べると見劣りしていた。

私は本社工場をリニューアルする必要があると感じ始めた。そのように義父に提言もしたが、GOサインはなかなか出なかった。

筑波工場は本社工場の倍の規模を誇っていた。だが、売上高が135億円となった90（平成2）年には、2工場を合わせても生産が追いつかなくなるまで、仕事が増えていた。

このころは印刷業界にデジタル化が始まっていた時期でもあった。今ではデータで入稿し、そこから版を起こすデジタル製版が当たり前になっているが、当時はアナログな写真製版を行っていた。そこからデジタル化を進めるには、設備の刷新とともにそれを扱える人材の教育も必要になる。

このような状況に義父もようやく、本社工場の抜本的リニューアルに対し、首を縦に振ってくれた。こうして、本社工場建て替えの検討を始めた。

とは言え、毎日の注文にスピーディーに対応していくのが私たちの仕事なので、1日でも工場の仕事を止めるわけにはいかない。そのため、どうしても操業しながらのリニューアル工事となる。

建て替えを請け負った建築業者は、それは可能だと言うが、稼働しながらの工事を消防署が許可しなかった。となると、春日井から名古屋の西区に移転したように、とるべき方策は全面移転しかなかった。

そんな状況で義父は、全面移転ではなく、何とか今の立地を生かしたままリニューアルすることはできないかと、そのアイデアを求めていた。いかにも堅実な義父らしかった。

しかしそこへ、状況が急変する事態が持ち上がった。本社工場の向かいにあった紡績工場が閉鎖され、そこに一大ショッピングモールが造られるというのだ。ワンダーシティ（現・ｍｏｚｏワンダーシティ）だ。

1990 年ごろの本社工場

瀬戸市の工業団地

パッケージ印刷は油性印刷が主流の時代で、臭いが強く、発火性も高い有機溶剤を大量に扱っていた。

そんな物を扱う工場が、大勢のお客さまが訪れる商業施設のすぐ近くにあっては大きな迷惑となる。何せショッピングモールの買い物客は、私たちのパッケージを使った食品をお買いいただく、大切なお客さまだ。

また、それだけの商業施設ができれば、従業員の通勤にも影響が出る。いよいよ本社工場の全面移転を考えなければいけなくなった。問題は「どこへ」だった。

私たちが求めたのは、取引先や従業員の利便性だった。だが、当時はバブルの絶頂期で、土地価格が高騰する中、日本中でリゾート開発のブームなども起こり、工業用地を見つけるのは困難を極めた。

小牧や春日井などの名古屋近郊を考えたが、移転可能な場所は見つからなかった。名古屋港にある貯木場の跡地も候補になったが、潮風で機械が傷む可能性などを考えて断念した。

そこへ耳寄りな情報が舞い込んできた。愛知県企業庁が瀬戸市に新しく造成する工業団地があるという。瀬戸市なら旧本社工場からも30キロ圏内で、取引先や従業員の負担にもならないだろう。また、私たちの工場は24時間の稼動で有機溶剤も扱うが、工業団地であれば、周辺住民に多大な迷惑となることもないはずだ。

ただ、当時は全国的に土地不足となっていたので、工業団地に入りたいという企業は多く、その分、競争率も高い。義父や私は瀬戸市役所に通い、情報を収集しながらいろいろなアドバイスを授かった。

私がハッと気が付いたのは、富士特殊紙業という社名では事業内容が伝わりにくいという指摘だ。そこで考えたのが「PACKAGE　WORLD」という言葉を前面に打ち出すことだった。

瀬戸市役所での義父（右側奥）と私（その隣）

バブル真っただ中で

「ＰＡＣＫＡＧＥ　ＷＯＲＬＤ」は、わが社のコンセプトを表す言葉だ。私たちが食品などのパッケージを作る企業として、プライドを持って「パッケージの世界」を構築し、世界に通じる企業であり続ける。最先端の技術を追求し、世界に羽ばたいていく心意気をここに込めた。

本社工場の移転先を探していた私たちは、瀬戸市の工業団地での工場用地取得を申し込んだ。いくつかの幸運も重なり、移転できることになった。

瀬戸への本社移転を決めたのはバブル真っただ中の１９９０（平成２）年だった。景気が過熱し、人件費も上がり、土地価格も高騰している中、建設費を調達することになった。

金利も上がっていた。私たちは低金利の資金調達の道を探し、日本開発銀行

（現・日本政策投資銀行）に融資を申し込んだ。日本開発銀行は産業の発展にとって重要な事業に対し、長期の融資を行う銀行だった。その分、審査も厳しかったが、わが社はそれまでの経営実績が評価され、融資を受けられることになった。

さらに十六銀行の主導で大蔵省の承認を受け、香港で2千万ドルの外債も発行。とにかく低金利で長期的に返済できる資金を集めた。結果的に、非常に健全な経営をしている会社だという評価を得た。

これも義父の堅実経営のおかげだった。お金の出し入れはとにかくきれいだったし、それもしっかり記録していたからだ。

そうこうしているうちに、日本全体を揺るがす事態が勃発した。バブルの崩壊だ。資金調達にも明らかに大きな負担となった。それだけではなく、建設工事にも予想外の影響が出てきた。

バブル期には、いろいろな資材がどれも不足がちだった。そこで早めにそろうように計画した。ところが、完成まで2年はかかると言われていた機械設備が早くに完成し、まだでき上がっていない工場に届けられたのだ。

そのままでは雨風にさらされて傷んでしまう。仕方ないので、フィルムでぐるぐる巻きにラッピングし、工場完成まで保護することにした。

「PACKAGE　WORLD」のイメージ

新本社工場の完成

日本経済をバブル崩壊が襲っていたころ、本社工場移転の計画を進めていた。「世界のフジトク」たらんとする企業の本社工場であり、1985（昭和60）年に建てた筑波工場で受けた高評価を上回るものにしたかった。

印刷のデジタル化も進めた。従来のアナログ印刷では、印刷デザインを版から写真フィルムに転写し、それをさらに印刷機にかける鋼管の表面に転写していた。デジタル化すると、データから直接鋼管に転写するので、フィルムが要らなくなる。新工場では、そのための設備を導入した。

食品関連企業として異物混入対策も徹底させた。印刷やラミネート加工時の不良箇所などと異物を発見する製品検査器を最初は4台、その後増やして23台設置した。さらに最新の空調設備、エアシャワーも完備した。

接着剤に使用する有機溶剤の回収装置を、愛知県の要請で大気汚染防止法施行前に導入した。日本では初の試みだった。

筑波工場で導入したファクトリー・オートメーションも本格導入した。

こうして93（平成5）年、瀬戸市の「暁西部工業団地」に新しい本社工場が完成した。新しく購入した機械設備を据え付け、その稼働を始めつつ、旧本社工場から、引き続き使う機械設備の移転も進めた。1日でも生産を止めるわけにはいかないので、稼働も移転も段階的に進めていった。

同年5月25日には関係者を招いて落成式を執り行った。ただ、義父はその2年ほど前から健康を害して入院していたこともあり、この日は欠席した。

新本社工場は旧本社工場より規模が大きいので、従業員も増やさなければいけなかった。しかし、移転計画を立てたころはバブル景気で、名古屋から瀬戸への移転となれば通勤を不便に感じる従業員が辞めることも想定した。それがバブル崩壊で景気が悪化し、辞める者は1人もいなかった。さらに瀬戸市内でもリクルート活動に努め、結局、新本社工場には約250人が勤めることになった。

1993年に完成した瀬戸の本社工場

創業者逝く

1993（平成5）年5月、瀬戸市の「暁西部工業団地」に新本社工場が完成し、その年の9月末にはすべての移転を完了した。多くの設備を新しくし、また、アナログからデジタルへの移行も行った。ただ、私たちが新しく取り入れたのは、それだけではなかった。

この年、定年を60歳から66歳に引き上げた。改正高年齢者雇用安定法が再改正されて60歳以上の雇用継続が促進される20年も前のことだ。

生産能力が増大した新本社工場では新入社員だけではなくベテラン社員の力も多く必要になると思われた。それに、そもそも人は60歳以上でも十分に能力を発揮し続けるはずだと確信していた。

ちなみに、当時からすでに世間的にも「将来は65歳定年の社会が来る」とささやかれていたので、65歳ではなく66歳定年とした。1年プラスして、社員を大切にしていることをアピールしたかった。

高齢者だけではなく、女性も含め、誰もが安心して働ける職場環境づくりを進めた。今から2年前には本社工場に事業所内保育所「あかつきキッズランド」を開設した。これは乳児から幼児までの保育のための施設で、男性社員からも高い評価を得ている。自社だけではなく、近隣企業の従業員の子どもも預かっている。

こうした取り組みから経済産業省による「ダイバーシティ経営企業100選」、愛知県の「あいち女性輝きカンパニー」、厚生労働省の「障害者雇用優良企業」にも認定された。

さて、新本社工場が完成してから3年後の96（平成8）年、私は社長に就任し、さらに3年後の99（平成11）年2月12日、私の義父で創業者の土屋孝志会長が亡くなった。享年75歳。急性肺炎だった。

ずっと病院で療養生活を続けていて、覚悟していたとは言え、大きな寂しさを覚えた。

義父の創業者魂はものすごかった。いつも夢を語って聞かせてくれた。大きな夢に向かって、コツコツと地道に突き進む人だった。

私は、眼光の鋭さが印象深かった、初めて会った時のことを思い出していた。それは69（昭和44）年、私が26歳の時だった。

義父、土屋孝志の葬儀

フジトクとの出会い

26歳、当時は医薬品メーカーの三共（現・第一三共）に勤めていた。

ちなみに大学は、政治への関心が強かったので早稲田大学政治経済学部に入学した。父も2人の兄も早稲田だ。長兄は商学部を出て清水銀行に入り、次兄は政経を出て新聞社に勤めた。私はメーカーに行きたかったのだが、何とか就職できたのが三共だった。当時は就職難だった。

三共に入社したのが1966（昭和41）年で、それから3年経ったころ、長兄、公一から電話があった。富士特殊紙業の創業者が婿を探しているので会ってほしいということだった。

もともと義父が会社を設立する時に清水銀行の支援を受けたことから、義父と清水銀行は密接な関係にあった。さらに清水銀行が名古屋支店を新設する時、兄は開発チームの一員として名古屋に赴任していた。開設された名古屋支店がフジトクの本社に近かったことから、義父と兄の家族ぐるみの交流が始まった。

そんなわけで私に見合いの話が舞い込んだ。まだ結婚など考えてなかったが、とにかく会うだけならと、名古屋に赴いた。69（昭和44）年5月のことだった。

そこで初めて、私の義父となる土屋孝志と会った。眼光鋭く、経営者として仕事には厳しい人だと感じた。そして私に「結婚しても三共を辞める必要はない。ただ、サラリーマンに飽きたらわが社に来ればいい」と言った。

私と結婚することになる治子《はるこ》は土屋家の長女で、19歳だった。私同様、結婚する気はまだなさそうだった。

ただ、名古屋と東京で私と治子の文通が始まった。しかし、やはりまだ結婚には早い気もして、この話を断ったほうがいいかもしれないと思い始めていた。

それで気を揉んだ義父に再び名古屋に呼ばれた。「ぜひ名古屋へ来なさい」という義父の言葉には、私を家族に迎え入れたいという思いがあふれていた。その日から私は改めて真剣に、治子との結婚を意識するようになった。

それからは早かった。70（昭和45）年5月、私たちは結納を交わし、同じ年の10月に結婚することになった。

1970年、三共勤務時代の私

フジトクへ

治子と結婚したとはいえ、大手企業であり、まわりにも引き止められていたこともあって三共を辞める気はなかった。大阪への転勤願いを出していて、新婚生活は大阪で始めるつもりだった。

そんな時に起こったのが、本社工場の火災だった。私もすぐに名古屋に飛んで行った。そこで二村化学工業の二村富久社長、東洋インキ製造名古屋支店の笹本準造支店長、中島精機の中島孝造社長といった人たちに紹介された。その時、二村社長から「フジトクに入りなさい」と、強く言われた。

それでもすぐに入社しようとは思わなかったのだが、その日、自分の父親にそのことを電話で話すと、「フジトクに入社するのもお前のめぐり合わせた運命だ」といったようなことを言われた。いつしか私の気持ちは、フジトクへと傾き始めていた。

1970（昭和45）年10月、予定通り治子と結婚した私は、フジトクに入社した。28歳になっていたが、後になって考えると、そのくらいの若さで良かったと思う。まだ吸収力もあったし、「知らないので教えてください」が通用する年齢だった。30歳を過ぎて入っても役に立たなかっただろう。

私が最初に配属されたのは開発部だった。フジトクでは開発部は中枢と言える部署であり、ここで会社のものづくりのことはすべて学べた。何しろ私は包装材については全くの素人だったので、見ること聞くことすべて面白かった。

包装はこの先もなくなることはない。この仕事は絶対になくならない。しかも、食生活の変化、進化とともに改良もまだまだ必要になっていく。そんな確信が身に付いていった。

入社した翌年には私は常務になり、また入社3年後には専務になって開発部とともに営業部門とリクルート部門の仕事も兼任した。モノを売ること、人と会うこと、人と話すことは大好きなので、営業の仕事も好きだった。今思うと、「一生を棒に振る」覚悟で入社したことが私の転機だった。むしろ、この職に人生をかけられて幸せと感じている。

当時、臭いの強い有機溶剤を大量に使う職場環境に「このままではリクルートが難しくなる」と危惧を抱いた。私は、すでに支店があり、工場の建設を予定していた九州でリクルート活動を展開した。

28歳で治子と結婚式

退職金前払い制度

当時も今も、パッケージ製造という仕事は知名度が低く、なかなか理解してもらうのが難しい。ことに中部地方は当時、繊維産業が盛んで自動車産業も勢いが強まっていた。そこで私は九州でリクルート活動を始めた。そうした中でも常に考えていたのが職場環境の改善だった。

会社のことが分かってくると、より会社を発展させていこうという思いが強くなった。また、義父はそんな私の話をよく聞いてくれたのでやりやすかった。

入社当時、私は義父の送り迎えをしていた。実の親子ではないのでうまくいったのかもしれない。お互いに遠慮があった。実の親子なら本当のケンカになっていたかもしれない場面でも、なんとなく収まった。

特に毎月1日には欠かさず義父と2人で豊川稲荷にお参りに行っていた。往復の車での時間も含めて約3時間、2人きりでよく話しをした。仕事上での重要なことはほとんどこの時に決まっていたように思う。会社にとっても2人にとっても、とても大切な時間であった。

義父はオーナー社長そのものだった。朝も始業時間より早く出勤する。朝昼晩は会議を開き、納得いくまでとことん議論を重ねた。昔はそろばんを投げつけたこともあったという。昼の会議が長引くこともよくあり、昼食は遅れがちだった。夜の会議は果てしなかった。

そんな義父は、私が入社する2年前に退職金前払い制度というものをつくっていた。35歳、45歳、55歳と、3段階に分けて退職金を受け取ることができるというものだ。35歳で土地を買い、45歳で家を建て、55歳で将来にそなえることができるようにという、義父なりの配慮だったと思う。

これは今も続いていて、社員は35歳、45歳、55歳、66歳で退職金を分割で受け取っている。この制度があったので、定年を延長してもその分の負荷がかからずに済んだ。

それよりむしろ、それだけ長い期間働いてくれたほうが企業にとってはありがたい。社員にとっても、生涯所得は決して大手一流企業に負けていないはずだ。

義父（右）と私

数々の受賞歴

わが社の技術開発や職場環境改善の取り組みはこれまで高く評価され、いろいろな賞もいただいてきた。

後の章で詳述する水性グラビア印刷は２００３（平成15）年、アメリカの化学製品メーカー、デュポン社が主催するデュポン賞の金賞を受賞した。

翌年には愛知県が県内の優れたものづくり企業を認定する「愛知ブランド企業」、８（平成20）年には国による「元気なモノ作り中小企業３００社」に認定。

さらに10（平成22）年は第15回資源循環型ものづくりシンポジウムの最優秀賞、11（平成23）年は全米グラビア協議会の「ゴールデンシリンダー賞金賞」、12（平成24）年は「愛知環境賞金賞」「中日産業技術賞特別奨励賞」「中部科学技術センター大賞」、13（平成25）年は「ものづくり日本大賞経済産業大臣賞」、フジサンケイグループの「地球環境大賞環境大臣賞」、ＥＹ国際会計事務所の「アントレプレナー・オブ・ザ・イヤー２０１３ジャパン特別賞」、14（平成26）年は日本緑化センターの第33回工場緑化推進全国大会の「会長賞」を受賞。15（平成27）年には「ダイバーシティ経営企業１００選」に選ばれた。

個人的にも12年に「旭日小綬章」を受章したことは忘れ難い。皇居で天皇陛下にお目にかかる栄誉に浴し、とても晴れがましい体験となった。水性グラビアの実用化を高く評価していただいてのことで、うれしさもひとしおだった。

18（平成30）年8月30日には「働きやすい職場環境づくり」が評価され、安倍晋三首相の視察訪問を受けた。安倍首相には水性グラビア印刷の現場を見学していただき、これも後述するデジタルグラビア印刷機「ＦＵＪＩ・Ｍ・Ｏ」などについてご説明した。

政治のトップの方にも、世の中に食品包装の専業メーカーがあると知っていただけたことは、意義深かった。

加えて、事業所内保育所「あかつきキッズランド」にもご案内した。うれしそうに子どもたちと接する首相の様子を新鮮に感じた。また、より働きやすい職場環境づくりに取り組む現場の声をすくっていただけたと思う。

㊤安倍首相を握手で迎える私
㊦私（左）と首相、息子の真一郎社長（右）

受け継がれる思い

富士特殊紙業、つまりフジトクは創業以来「ＰＡＣＫＡＧＥ　ＷＯＲＬＤの構築」を目指してリエンジニアリングを繰り返してきた。企業としてこれを継続していくためには、その思いを継いでいく人材が必要だ。経営者には後継者がなくてはならない。

２０１７（平成29）年4月、私は富士特殊紙業の会長になり、社長には息子の真一郎が就任した。真一郎は私と違って理系に進んだ。大学を卒業するころにはフジトクを継ぐ意志を固めていたようだ。

上智大学理工学部を卒業後、東レ・アメリカに入社し、半年ほどフィルムの製造を学んだ。１９９７（平成９）年、帰国してフジトクに入社すると、私がそうだったように、まず開発部に配属させた。

また、生産管理も経験した。顧客の要望と現場の状況を把握して進行を管理する、かなり大変な職場だ。そこで相当もまれたと思う。

その後も水性グラビア印刷の開発プロジェクトに参画し、イタリアに飛ぶなど、フットワークの軽いところを見せてくれた。

そのころ、義父は入院していて、私も毎日、病院を訪ね、仕事の報告をしていた。真一郎も見舞いに行って、水性グラビア印刷開発の進ちょく状況を報告していたようだ。

水性グラビア印刷は開発にも時間がかかり、義父もその実用化を「まだか、まだか」と待っていた。99（平成11）年のことだ。真一郎が商品化第1号の刷り見本を印刷し、夜勤明けの早朝、病院の義父の病室に持参した。待望の刷り見本を孫が持ってきてくれたことで、大層な喜びようだったたという。

翌朝、私が病室に寄ると、壁に大きくその刷り見本が貼ってあった。義父が亡くなったのはその1週間後だ。水性グラビア印刷の完成を見届けて旅立ったのかもしれない。

真一郎は義父に似ているところが多く、慎重で堅実だ。着眼大局着手小局というところも似ている。そして経営者として、仕事に自信と誇りを持っている。開発型会社という点も継承してくれているのは、正直うれしい。

2017年4月16日、就任式での真一郎社長

第2部　開発の足跡

パラフィンからセロファンへ

義父が菓子の包装紙の製造を始めた時、パラフィン紙を使っていた。しかし、当時、パラフィンは配給制で、支給にも限度があったので、パラフィン紙と同じように水を通さないパーチメント（硫酸紙）の販売も始めた。

さらに１９５１（昭和26）年から、防湿セロファンを実用化するための技術開発を始めた。セロファンは透明で、色とりどりの絵柄を印刷できるので、ぜひ食品の包装紙に使いたかった。ただ、水を通す性質を持っていたので、これを包装紙にすると、包んだ食品が湿気で傷むことになる。

そんなところに登場したのが、特殊なコーティングを施した防湿セロファンだ。防湿性が高いだけではなく、ひねっても戻らない性質があり、ヒートシール性に優れていた。それでキャラメルなどの包装紙に適していると考えた。

義父はフタムラ化学から防湿セロファンを提供してもらい、グラビア印刷の多色刷りを行い、また、機械メーカーとともに自動包装を行う技術を開発した。こうして防湿セロファンはキャラメルやパンなどの包装に使われ、全国に広まっていった。

現在では、セロファンが高価になって防湿セロファンもあまり使われなくなったが、この時の試みが本格的な自動包装化のきっかけになった。

フジトクは素材のメーカーでも機械のメーカーでもない。それぞれのメーカーが新しく開発した素材や機械を、食品を包装するという実用化に向けてメーカーと協力して開発する。

その一つが65（昭和40）年に東レと共同開発した「O―PC」だ。防湿性や透明性に優れて強度、光沢があって包装素材として注目されたポリプロピレン（ＰＰ）を使う。これに熱を加えて延伸加工したのがオリエンテッド・ポリプロピレン（ＯＰＰ）。Ｏ―ＰＣはこのＯＰＰを袋状にして食品包装として実用化するための技術だ。

具体的に言うと、ポリプロピレンを薄く延ばしたフィルムの、のりしろに当たる部分に接着剤を塗り、袋状に張り合わせる作業を機械で自動的に行うというものだ。

全国に普及した防湿セロファン（写真提供：フタムラ科学）

水性のりを活用

１９６５（昭和40）年、フジトクはポリプロピレンを機械で自動的に袋にする技術を東レとともに開発した。袋状にする際、フィルムの一部にのりを塗るが、この技術を「パートコート法」と言い、ＯＰＰにパートコート（ＰＣ）するので、Ｏ―ＰＣと呼ぶようになった。

このパートコート法をごく簡単に言うと、印刷技術でのりを塗布するというものだ。

包装するのは食品なので、袋にした時に内側に印刷面や、のり付けした部分が来てはいけない。そのため、表面に絵柄を印刷した後、印刷物の表裏を反転させてのりを付けるようにした。その反転させる技術も、印刷機のメーカーとともに開発した。

このO―PCで作られた包装袋はさまざまな商品のパッケージとなったが、特にあられやせんべいの利用が多かった。

ちなみに、私はフジトクに入るまであられとせんべいの違いを知らなかったが、あられはもち米、せんべいはうるち米で作る。O―PCの包装袋ができるまでは「東京の人は草加せんべいしか食べることができない」と言われていた。O―PCはその常識を変え、東京の人も越後のあられを食べられるようになった。

ただ、パートコートする時の接着剤に有機溶剤を使っていたので、臭いが袋の中にこもってしまうという欠点があった。そこで有機溶剤を使わない、水性のりに変えた。この水性パートコートを最初に行ったのはフジトクで、これが後の水性グラビア印刷につながる。

さて、O―PCに使うOPPは二軸延伸ポリプロピレンともいい、縦横の方向に延ばして作る。この延伸を行わない、キャステッド・ポリプロピレン（CPP）というポリプロピレンがある。これはとても透明度が高い。わが社はOPPとこのCPPを貼り合わせることで、裏刷りを可能にした。これが70年代後半に開発した「OPCP」だ。

裏刷りというのは、フィルムの裏面に絵柄を印刷すること。これによって今までよりきれいな印刷の仕上がりを実現した。

O-PC の包装機は全国の米菓業界に普及した

魚肉ソーセージの危機

ＯＰＣは画期的だったが、今ではＯＰＣＰのパッケージのほうがよく使われている。裏刷りによって、よりきれいに印刷できるようになったからだ。

フィルムは透明なので、裏側に絵柄を乗せても、表側からその絵柄を見ることができる。しかし、フィルムの裏側は袋にした際、内側になり、印刷面に食品が触れることになる。その点、裏側に絵柄を印刷した後、そこにＣＰＰを貼り合せれば、印刷面が直接食品には触れなくなるというわけだ。

裏刷りは印刷面が表面に出ないので、表面に印刷するよりきれいな仕上がりになる。それで現在は、ＯＰＣＰが菓子類のパッケージの主流になっている。

また、フジトクはレトルト釜も開発した。１９７４（昭和49）年のことだ。この年、「ＡＦ２」という殺菌防腐剤が使用禁止になったのがその発端だった。

ＡＦ２は食中毒の原因になると言われるボツリヌス菌に対する殺菌力を持つ防腐剤として重宝されていた。魚肉ソーセージやかまぼこの添加物として利用されていた。ところが、発がん性があるという指摘が続き、禁止が決まる前から大手ハムメーカーや水産品メーカーはその対応に頭を悩ませていた。ＡＦ２を使わずに魚肉ソーセージなどを加工する方法を見つけなければならなかった。

そこで考え出されたのが、缶詰を作る技術の応用だった。つまりソーセージを耐熱性のあるプラスチック・フィルムで包み、レトルト釜に入れて高温の水蒸気で殺菌する方法だ。

しかし、水蒸気で熱した後、温度を下げると水蒸気が水に変わって釜内の気圧が急速に下がるので、気圧の変化でフィルムが破れたり、ソーセージが変形したりする。缶詰の製造では普通に使っていた方法ではあったが、金属ではないプラスチック・フィルムは気圧の変化に弱かったのだ。
そこに救いの手となったのが、わがフジトクの技術だった。

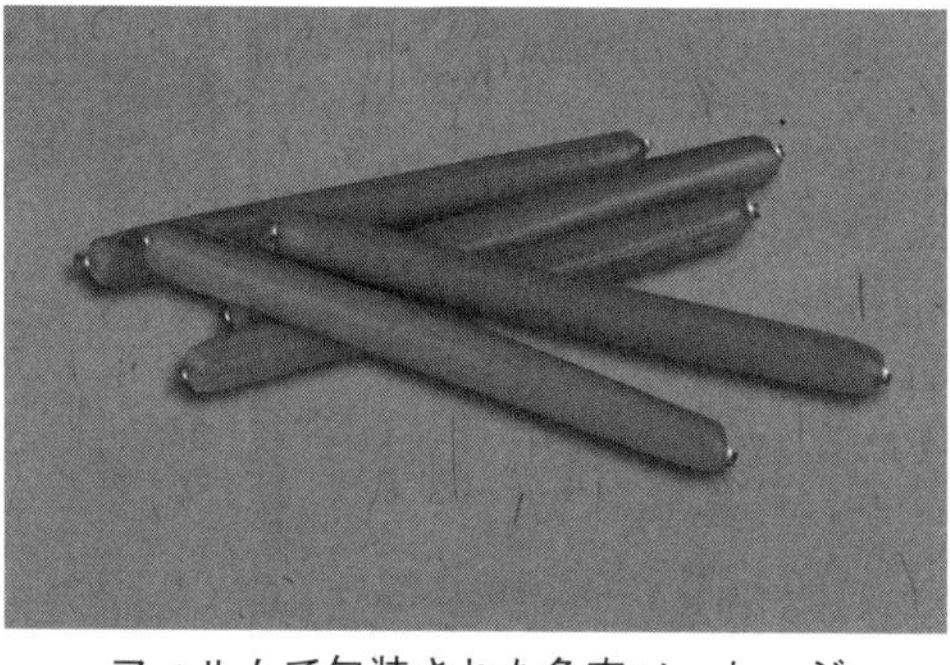

フィルムで包装された魚肉ソーセージ

圧に耐える

１９７２（昭和47）年、あるベンチャー企業の発案で私たちは、水蒸気ではなく湯で殺菌する貯湯式レトルト釜の研究開発に挑んでいた。魚肉ソーセージを加工する時の添加物ＡＦ２の使用が禁止される2年前のことだ。

普通は、沸騰した湯でも１００度ほどにしかならない。そこに圧力をかけると、釜の内部は１２０度にまで上がり、殺菌できる。その後、温度を下げるが、水の中では気圧の変化に耐えられるので、プラスチック・フィルムも無事というわけだ。

これを大手食品メーカーが作る給食用の玉子焼きの殺菌に使っていた。四角形の玉子焼きを真空パックにして、１２０度の湯で殺菌する。

もともと缶詰やレトルトパックの製造には水蒸気による殺菌が使われてい

た。缶詰はともかく、レトルトパックはとにかく丈夫な素材を使うことでパックの破損を回避していた。ただ、蒸気は熱の伝導が悪く、殺菌に時間もかかっていた。

高い温度の中で長い時間置くと、味にも影響を及ぼしかねないので「高い温度で短く」を目指して開発したのが、貯湯式レトルト釜だった。水蒸気の釜では30分くらいかかっていた殺菌が5～10分でできるようになった。

そんな時にソーセージなどの食品メーカーが、プラスチック・フィルムを破損させず、もちろんAF2も使わないで殺菌できる方法を探していると聞き、この貯湯式レトルト釜の使用を提案した。私たちは試験用の貯湯式レトルト釜を持っていたのだ。

この貯湯式レトルト釜を使うと、問題なくソーセージを作ることができると分かり、ハムや水産加工品のメーカーがわが社に殺到した。このレトルト釜を使って、ＡＦ２を使わない魚肉ソーセージの商品化に向けた試験を行うためだ。

とは言っても、釜は1台しかない。押し寄せるメーカーの膨大な試験項目をこなす限界をとっくに超えてしまっていた。

しかし、わが社は長年、食品メーカーと強い信頼で協力関係を築いてきた。「できない」と突き放すような真似はしたくなかった。

現在、工場にある試験用貯湯式レトルト釜

食品メーカーの大英断

私たちは打開策を考えた。日ごろ協力し合ってきた食品メーカー各社を何とか助けたかった。

そこで考えたのが貯湯式レトルト釜の販売だった。だが、もともとこの釜は玉子関連食品の大手メーカーの商品製造のため、独自に開発したものだったので、無断で販売するわけにはいかない。

早速、その食品メーカーを訪ねて「AF2問題で魚肉ソーセージのメーカーが死活問題に直面している。貯湯式レトルト釜を販売させてほしい」と訴えた。すると「レトルト食品普及のためにも」と、二つ返事でOKしてくれた。まさに大英断だった。

こうして、貯湯式レトルト釜を一緒に開発したベンチャー企業と共同でプロジェクトチームをつくって販売を開始。最終的に約50台を販売した。

この時、わが社は釜を販売しただけで、玉子焼き用のフィルムは持っていたが魚肉ソーセージを包装するレトルト用フィルムの開発まではできなかった。だが、ここから日本のレトルト食品が一気に広まったと言える。貯湯式のメリットは高い温度で短時間に殺菌できることだ。これでレトルト食品が一層おいしくなった。

まさに日本の食生活の新しい時代を彩った、その場面に立ち会うことができたのは貴重な経験だった。

日本でレトルト食品が本格化すると、わが社でも強度の高いレトルト用フィルムパウチの開発に素材メーカーと一緒に取り組むことになった。

加工食品の長期保存に優れた素材としてアルミ箔《はく》に注目した。ただ、強度が高くない。いろいろ研究した結果、強度を補強するために、アルミ箔とポリエステルフィルムの間にナイロンをはさんで強度を高める方法を思いついた。ナイロンを使用することにより袋自体の強度を上げることが証明された。この強《きょう》靭《じん》なレトルトパウチはアメリカで最も厳しいＭＩＬ規格を取得できた。

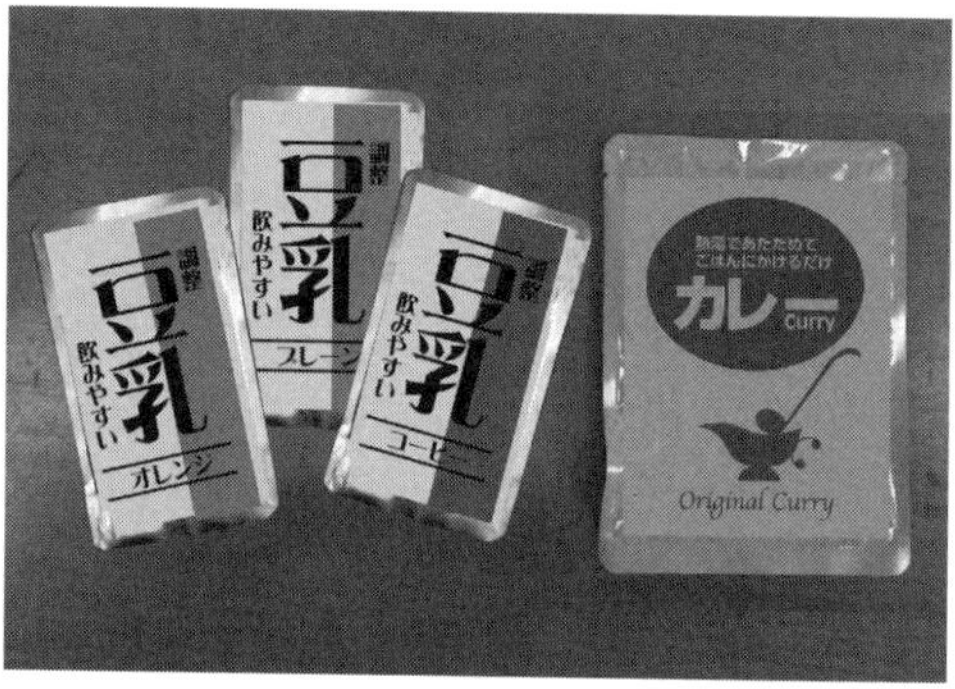

日本の食生活を変えたレトルト食品

ガラスのようなフィルム

素材メーカーが素材を開発すると、わが社ではそれをどうやって印刷するか、どうやってラミネートするかを素材メーカーとともに探っていく。弱点は何だろう。どういう食品の包装に向いているのか……。さまざまな検証を重ねていく。

中でも特筆すべき素材が、クラレが開発した「エバール」だ。気密性能がとても高い素材で、1957（昭和32）年に基礎研究を始め、工業化に至ったのは72（昭和47）年のことだ。

エバールは酸素を通さない構造になっている以外にも、嫌な臭いを寄せつけず、透明性に優れ、特殊な処理によって印刷もきれいにできるといった性質を持っていた。まさにガラスのようなフィルムだ。

クラレがこのエバールを食品の包装材にできないかと相談を持ち掛けてきた。

わが社ではまず、みその包装に使えないものかと考えた。特に白みそは長く置いておくと酸化が進んで変色が目立つので、これを防ぎたかった。エバールで酸素の侵入を防げば、変色を抑えられるに違いない。

みそは重いので、強度を上げるためにエバールにポリエステルやナイロンをラミネート加工することにした。工夫を加えたラミネートで何層にも重ねながら味の変化も確かめ、1年くらい試行錯誤を重ねて製品化した。

信州の大手みそメーカー数社がこれをテストした。その結果に満足してくれて、その後、全国のみその包装にエバールが使われるようになった。

また、カツオ節のパックにはそれまで塩化ビニリデンをコーティングしたセロファンなどが使われていたが、約1カ月で変色してしまっていた。

これにエバールを使うようになったところ、缶に入れておけば1年間は変色しないようになった。それでカツオ節を進物商品にすることができた。

カツオ節のパッケージが一斉にエバールとなり、しかもカツオ節が進物商品のトップになった。これで全国の台所からカツオ節を削るカンナが消えたのではないかと思う。

技術的な課題を克服した「かつおパック」

世界各国で特許

瞬く間に全国に広まったエバールはカツオ節の他にみそ、たくあん、ハムやソーセージのパッケージとしても大いに使われた。ハムはスライスすると変色しやすくなる。酸素を通しにくいエバールは最適だった。

製品開発において、もう一つの特筆すべきものがある。「シュリンク・ナイロン」だ。それまでハム、ソーセージを包装する素材として主流だったＰＶＤＣ（ポリ塩化ビニリデン）に替わるものとして１９８２（昭和57）年、ユニチカと共同開発した特殊ナイロンフィルムだ。収縮性と酸素を通さない性質を高めるための試験を繰り返した。

ユニチカが改良を加えて完成させたナイロンフィルムに、わが社が絵柄や文字などを印刷し、それから水分を通しにくいポリエチレンをラミネートした。ただし、素材が完成しただけでは、ソーセージの包装材にはならない。筒状にしなければいけないのだ。

そこで、筒状にした内側にテープを挿入し、熱して圧力をかける方法、つまりヒートシール方式で接着してハム、ソーセージのパッケージを完成させた。この技術は世界のどこにもない独自なもので、世界各国で特許を取得した。

シュリンク・ナイロンはやがて、ブロック肉をそのままの形状でハムに加工する「手造りハム」の包装にも使われ、ほとんどの大手メーカーに採用された。手造りハムは形状もさまざまで、包装にも高い強度が必要だったが、シュリンク・ナイロンにはそれだけの強度があったのだ。

さらに話を聞きつけてオーストラリアから、ぜひシュリンク・ナイロンを輸入したいという人物が現れた。ハム、ソーセージの包装資材などを扱う商社の営業部長だ。

早速私は義父と相談したが、結局この話を断ることにした。単に素材を輸出するのではなく、印刷物として輸出するので、文化や感性の異なる外国との取引は、大きなトラブルが起こりうると考えたからだ。

ブロック肉の形状で人気が出た手造りハム

オーストラリア、南米へ

最初は断ったものの、その営業部長があまりにも熱心であったため、私はオーストラリアに飛び、最終的には取引をすることになった。次は欧州一円、さらに中南米や南アフリカへの輸出も始めた。今ではチリのハム、ソーセージの包装材は、シュリンク・ナイロンがトップシェアを誇っている。

ただ、国内では3年くらいの間、ハム、ソーセージ業界を席巻したが、別の包装方法に変わっていき、シュリンク・ナイロンの需要は減っていった。

さて、わが社はジッパーの開発にも挑戦した。ジッパーは袋の内側に、筋状の凸部と凹部が対面して付いていて、これを重ねて袋を密閉させるもの。接着剤を使わないので、繰り返し開閉できる。

もともとアメリカの会社が食品包装用のジッパーを製品化し、アメリカでは

１９７０年代に普及していた。

だが、もっと使いやすいものを新たに自社開発しようと考え、86（昭和61）年にジッパー事業を開始した。いろいろ調べると、60年代に日本人が発明していたことが判明。その人物は亡くなっていたが、夫人から製造技術に関する情報提供を受けることができた。それで完成させたのが「テクニカル・ジッパー」だ。

ジッパーの肝である凸凹部は樹脂でできている。しかし製造過程で微妙に伸縮することがあり、できあがったジッパー付き包装袋にもシワなどができることがあった。

そこでわが社では、ジッパーの土台となる部分に三層のラミネートフィルムを使用（特許）し、そこに樹脂の凸凹部を貼り合わせることにした。ラミネートフィルムは伸縮しにくいので、製造過程でシワや縮みなどもできない。

また、この方法には他にもメリットがあった。

オーストラリアの商社の営業部長（左）と私

ピロー包装にもジッパー

それは、従来はジッパーの要となる凸凹部もベース部も樹脂だったが、ベース部がフィルムになったので使う樹脂の量が5分の1に減ったことだ。

また、ジッパーが取り付けられる部分のフィルムが薄くなったので、袋の両端まできれいに貼り合わせることもできるようになった。生産性も上がってコストダウンにもつながった。

袋にジッパーを取り付けるためのベース部分がラミネートフィルムなので、これを幅広く取り、そこに複数の凸凹部を張り合わせ、一度に複数のジッパーを製造できるようになった。これにより生産性がアップした。現在、わが社では6本を一度に製造（特許）できるようになっている。

こうして生産性が高まったので、自社で使用するだけではなく、商社の鈴与マテリアル（現・鈴与商事）を通じて外販するようになった。

さらにジッパーに関する、もう一つの開発も行った。ジッパー装着の新しい技術「スマートカット」だ。

従来、ジッパーが取り付けられてきたのは、「三方シール」によって作られた袋だ。三方シールの袋とは、袋の開け口以外の三方が貼り合わされているものをいう。

これとは違う、「ピロー包装」による袋がある。フィルムを筒状に貼り合わせ、内部に食品などの商品を入れて上下を接着して袋にするものだ。

袋が枕、すなわちピローに似ているのでピロー包装という。また、筒状にフィルムを貼り合わせた部分が「両手を合わせた」ようになるので「合掌袋」とも呼ばれている。

ピロー包装の製造機には、フィルムの流れの違いで縦型ピロー包装機と横型ピロー包装機がある。横型ピロー包装機の方が広く普及していたが、このタイプのピロー包装にはジッパーを取り付けることはできなかった。

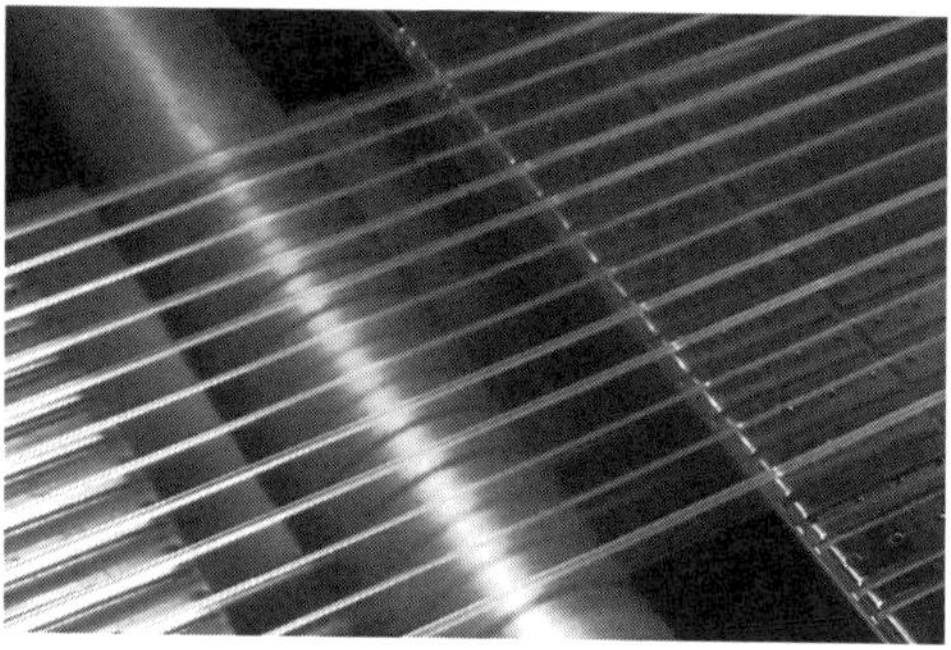

6本のジッパーを一度に製造できる

湿気も怖くない

通常、ジッパーの上部は破り取ることができるようになっていて、ここを破り取った後に、ジッパーで開閉を繰り返す。しかし、ピロー包装でフィルムを筒状に重ねて貼り合わせた場合、その重ね合わせた部分が袋の裏側の真ん中に飛び出した状態で残ってしまう。袋の上部を破り取ろうとすると、この飛び出しが邪魔になるのだ。

そこで2011（平成23）年、わが社は横型ピロー包装機の世界的メーカー、フジキカイと組み、ジッパー付き横型ピロー包装機の開発に取り組んだ。実施に当たっては国の中小企業支援事業「新連携」に応募し、プロジェクトを進めた。

そこでたどり着いた解決法は、パートコートの利用だった。ピロー包装でできる袋の裏側の飛び出しをパートコートで接着し、破り取る時の邪魔にならないようにしたのだ。

こうしてピロー包装の袋にジッパーを取り付け、しかも横に切れるようになった。これは画期的だった。世界の特許を取れるくらい、新規性のあるものだ。

この「スマートカット」のピロー袋は、グミなどの菓子や、海苔、それに湿布などに使われるようになった。

四季折々の気候の中で日本人は食文化を育んだ。ただ、食品の一番の敵は高温多湿。食品を包装する袋に、開封後必要なのはジッパーだった。

昔は、湿気で味が落ちるような食品は、一度封を開けると洗濯バサミや輪ゴムを使って開封口をとめ、湿気などが入らないようにしたものだった。そこにジッパーが導入され保存性は高まった。ジッパーが包装袋のアイテムとして普及するのは、このスマートカットができたおかげだったと思う。

さて、わが社は義父の土屋孝志が創業した時から「開発型の企業」として発展してきた。これまで語ってきたように、スマートカットも含めて素材、技術、製品とさまざまな開発に取り組んできた。中でも水性グラビア印刷は、これによって多くの賞を受賞する栄誉に浴した画期的な技術開発だった。

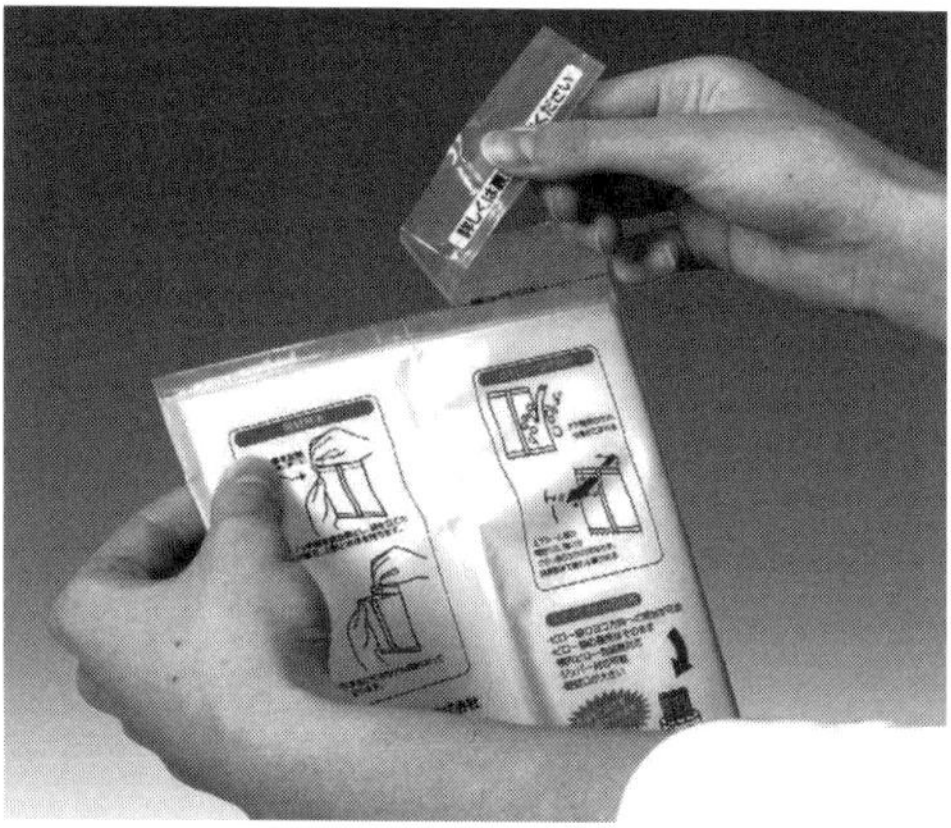

ジッパーの上部を楽に破り取れるスマートカット

グラビア印刷

印刷は版の形状でざっくり二つに分けることができる。凸版と凹版だ。凸版は、山の頂上にインキを乗せるイメージ。それで印刷面にインキを移すので、ふちがにじみやすい。

一方、グラビア印刷は凹版で、これは谷にインキをためている様子をイメージしていただきたい。このインキを印刷面に押し付ける。ふちがにじむことがないので、凸版よりも印刷の仕上がりがきれいになる。

また、凹の深さでインキの量を加減し、インキの濃淡を調節することで色彩を出せるという利点もある。

グラビア印刷はカラーをにじませずに、すっきりときれいに出せる。鮮明でキレのいい印刷ができるのだ。

それでグラビア印刷は昔から写真集や画集など、絵柄の美しさが求められる印刷物に使われてきた。そしてフジトクの創業者、土屋孝志もきれいなパッケージを作るために、グラビア印刷を採用した。

ただしデメリットもある。プラスチック・フィルムへの印刷には、素材との相性の良い油性インキが使われていた。そして油性インキを使う時、色づきを良くしてインキを早く乾燥させるために有機溶剤、つまり揮発性有機化合物（VOC）を使っていた。

1970（昭和45）年、フジトクに入社した私は、印刷現場の強い臭いに驚いた。それは有機溶剤の臭いだった。この時から「社員に借りをつくりながら働いてもらっている」と思うようになった。

VOCが職場環境だけではなく、地球環境に良くないことも分かった。2004（平成16）年には有機溶剤使用の規制を盛り込んだ大気汚染防止法が改正・施行されることになり、それまでに何とかしなければならなかった。

１９９３（平成５）年に本社工場を瀬戸市に移し、96（平成８）年、社長に就任し、私はいよいよ有機溶剤を使わないグラビア印刷の実現を目指すことを決意した。油性インキではなく水性インキを使ったグラビア印刷の実用化だ。

社長就任のあいさつをする私

イタリアへ飛ぶ

食品パッケージを水性インキによるグラビア印刷でつくるには、いくつかの課題があった。まずパッケージの素材となるプラスチック・フィルムに水性インキは乗りにくいのだ。

また、油性インキに必要とされている有機溶剤は「インキを乾きやすくする」ので、これを使わない水性インキは乾きが遅い。インキがなかなか乾かないと、生産効率が落ちてしまう。

1996（平成8）年から、私たちはインキメーカー、フィルムメーカーとともにプラスチック・フィルムへの水性グラビア印刷の実現に取り組んだ。そして私たちが目指す水性グラビア印刷ができる印刷機を探し、情報を集めた。

私は印刷機の分野では進んでいるイタリアへ飛んだ。昔からいろいろな展示会に足を運び、イタリアの印刷機が大きくてスピードが速いことを知っていたからだ。以前、ＯＰＰ用の水性接着剤を開発した時もイタリア製の印刷機であった。

それでイタリアの印刷機メーカー、スキヤビ社を訪れた。フィルムに水性インキでグラビア印刷するための機械が欲しいので来たと言うと「それは無理だ」と言う。スキヤビ社は紙への水性グラビア印刷の機械は作っていたが、フィルムへの水性グラビア印刷機は作ったことがなかった。とにかくスキヤビ社の印刷機の乾燥装置であれば、有機溶剤を使わなくてもスピーディーに乾燥できると確信し、翌97（平成９）年、日本から技術の専門チームを派遣して仕様を細かく指示して、印刷機を発注した。

一方、印刷機が届くまでの間、国内でもインキメーカー、製版機械メーカー、印刷機械メーカー、プラスチック・フィルムのメーカーに集まってもらって水性グラビア印刷実現に向かっての準備を始めた。

インキとプラスチックはもともと相性が悪い。油性インキを使う場合でもフィルムの表面を酸化させ、インキを付きやすくする。この酸化の度合いを上げ、なおかつ酸化し過ぎないギリギリのところを狙い、水性インキでも付きやすくしようと取り組んだ。加えてインキの改質も行った。

真一郎（左）を中心にしたスキヤビ社視察チーム

スピード・コスト・美しさ

1997（平成9）年2月、待望の印刷機がイタリアから届いた。想定はしていたが、あまりにも大きくて搬入だけでも4日間を費やしてしまった。それから組み立て、4月に試運転を始め、6月には始動式を行った。印刷機は日本の印刷機メーカーによってかなりの改造を加えた。

一番大きな問題として立ちふさがったのは、水性インキの表面張力だった。油性インキを床に落とすと平らになるが、水性インキはこんもりと盛り上がる。前述したが、グラビア印刷は版の谷部にインキを入れるので、表面張力でインキが盛り上がると邪魔になるのだ。

それで超音波を当てたり、磁力を当てたりと、いろいろ試し、エチルアルコールを消防法に抵触しないくらい少量加えて表面張力の問題を解決した。

スキヤビ社の印刷機に最も期待したスピードは、一応期待通りではあった。だが、まだまだスピードを増すべく現在でも格闘している。

印刷のスピードの肝は乾燥だ。インキが早く乾燥するようにと考えた方法が、使うインキの量を減らすことだった。くどいようだが、グラビア印刷では版の谷部にインキを入れる。この谷を浅くすることで、インキの量を油性インキに比べて3割減らすことにした。

このことによって「ひょうたんからコマ」とも言うべきメリットが生まれた。すなわちコスト削減だ。それまで使っていたインキを減らしたのだから当然といえば当然だ。

だが、ここで新しい問題が起こった。インキの量を減らしたことで早く乾燥するようになったが、絵柄が薄くなり、美しい色調の再現ができなくなったのだ。そこで印刷ドットを細かくして増やすことにした。要するに、インキを入れる谷部を細かくして数を増やした。結果的にはこれが大成功だった。かえって美しい仕上がりになったのだ。

水性グラビア印刷はコストダウン、美しい印刷を可能にした。私はこれを「水性マジック」と呼んでいる。

スキヤビ社製印刷機の搬入

水性グラビア印刷の普及

この水性グラビア印刷の開発によって、誰もが知っている有名キャラクターを持つ会社からもパッケージの依頼が来るようになった。

ただ、それは後の話で、水性グラビア印刷はすぐには商品化に結びつかなかった。得意先を回って提案し、理解を求めた。水性グラビア印刷を生かせるかどうか、商品1点1点の検討を重ね、最初の商品化まで1年かかった。それが1999（平成11）年のことだ。

その後は、すぐに水性グラビア印刷でできるものから商品化し、徐々にその数を増やしていった。

また、現在使用している油性の印刷機を水性用に改造した。イタリアから導入した水性グラビア印刷機も改造。さらに油性から水性への改造を手掛けたオリエント総業に、初の国産水性グラビア印刷機の開発を依頼した。これで水性グラビア印刷機を5台にした。

この時にはまだ原価計算に自信がなく、このまま水性グラビア印刷を推進していいのかという不安もあった。そこで当時、印刷機が10台あったので、その半分まで水性化してみようと考えた。それで油性と水性を比べ、事業として成立するかどうかを検討することにした。

その結果、水性のほうが粗利率が高いことが分かった。これでいよいよ自信を持って水性グラビア印刷化を進めていくことになった。

ただ、水性グラビア印刷の技術を囲っておくつもりは毛頭なかった。一つの新しい技術が普及すれば、それに関連する材料なども低価格になり、性能も上がる。結果的に得するのは私たちなのだ。

そこで各賞に応募したり、２０１３（平成25）年に東海グラビア印刷協同組合に加盟した。同組合と中部経済産業局が開催した「ＶＯＣ対策セミナー」で、水性グラビア印刷の事例紹介などの講演も行った。

賞は前述した通り、３（平成15）年のデュポン賞金賞を皮切りに、数多くいただいた。

2003年、アメリカのデュポン賞金賞を受賞

もう一つの宿題

１９９９（平成11）年に水性グラビア印刷の商品化が本格化し、わが社は従来の油性グラビア印刷から大きな変革の時代に突入した。

大きな変革は社内に混乱を招きがちだ。だが、わが社は以前も同じような大変革を経験していた。セロファンからプラスチック・フィルムに素材が変わった時だ。現在50代、60代の従業員はそれを経験した世代なので、水性グラビア印刷の研究開発では、そうしたベテランと若手を組ませた。

現在、水性グラビア印刷機は9台になり、さらなるスピードアップを目指している。２０１９（平成31）年2月に導入した新しい印刷機は3色用ということもあり、ほぼ油性印刷に近いスピードが実現した。今年度中には7色用でも新しいステージに行ける気がしている。

入社時に私は、印刷現場の強い臭いに驚き、これを何とかしたいと思った。これが水性グラビア印刷の実現につながった。だが、私にはもう一つ、入社時から抱えていた〝宿題〟があった。小ロット多品種印刷への対応だ。これは土屋孝志からの指示だった。

義父は、ゆくゆくは商品の数が増え、それにこまめに対応しなければいけない時代が来ると、先を読んでいた。実際、プライベートブランドやコンビニなどの登場でそれは現実となっていく。

グラビア印刷に使う版は鋼製でとても重く、その交換は相当な力仕事だ。また、版を交換して新しい版を使うために再度色合いの調整などを行うので、交換作業は1時間くらいかかる。小ロット多品種印刷では版の交換を繰り返すので、とても生産効率が悪い。それで、版の交換を自動で行うような機械があれば、と考えた。

入社してから私は義父の指示で、海外で開催された印刷関係の展示会を見て回り、小ロット多品種印刷が可能な機器などがないかを探した。10年ほどして、そういう機器がないことが分かった。

水性グラビア印刷を採用した代表的な商品

ハイブリッド印刷

私は小ロット多品種印刷に対応できる方法を探した。

グラビア印刷で大きな手間となるのが、版の交換だった。これを自動でできる機械でもあればと考え、海外の展示会などにも足を運んだが、結局、それはなかった。

となれば、版を使わない印刷にするしかない。版代も浮く。当時もそういう印刷はあった。ジェットプリンターだ。だが、それは紙用で、私たちが使うプラスチック・フィルム用ではなかった。

紙用のジェットプリンターをフィルムに使えないのは、白色を印刷できないのが大きな理由だった。

ジェットプリンターは、分かりやすく言うとインキを印刷面に吹き付けるものだ。インキはノズルから噴射させる。しかし、白インキだけがどうしても噴出口に詰まってしまって、うまく吹き付けられない。白インキは粒子が大きいからだ。

紙であれば、白い紙を使えばそもそも白インキを使う必要はないが、透明なフィルムを使う場合、デザイン上、どうしても白インキが必要になる。

水性グラビア印刷があちこちで評価され、多くの賞を受賞してひと段落ついたころ、私は再び海外の展示会を見に行った。そこで、薄い白インキを2度噴射する印刷機を見つけた。これなら確かに白インキを印刷できる。

もしかしたら、これ以上のものは当面出てこないかもしれない。私の気持ちは購入寸前まで傾いていた。だが、結局はこの方法での仕上がりに満足できなかった。やはり何かもっとうまい方法を考えることにした。

そこで思いついたのが、白以外の色はインクジェットで印刷し、その後で白色を水性グラビア印刷で印刷するという方法だった。つまり、デジタルジェットプリンターの後ろに水性グラビア印刷機をドッキングするハイブリッド方式だ。

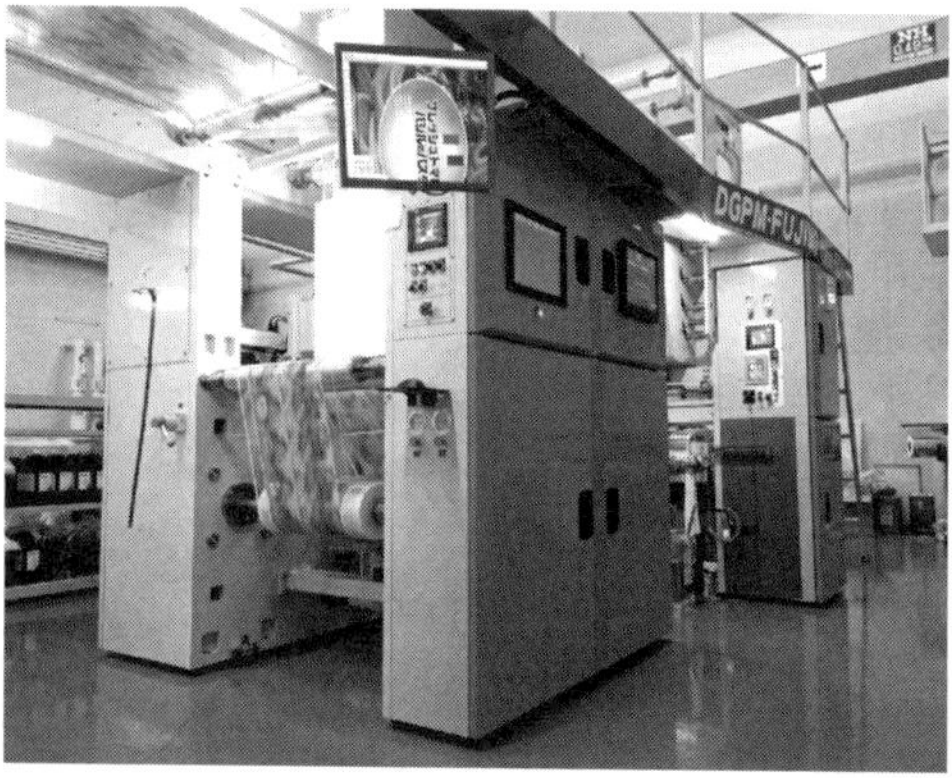

ハイブリット印刷機 FUJI・M・O

「ＦＵＪＩ・Ｍ・Ｏ」の誕生

富士フイルムグローバルグラフィックシステムズ、印刷機メーカーのミヤコシ、オリエント総業とともに小ロット多品種印刷の開発に取り組んだ。私たちが考えたのは、デジタルジェットプリンターの後ろに水性グラビア印刷機をつなげるハイブリッド印刷だ。これをＮＥＤＯの平成25年度イノベーション実用化ベンチャー支援補助金事業として行った。

２０１５（平成27）年、このハイブリッド印刷を「ＦＵＪＩ・Ｍ・Ｏ」と名付けて発表した。入社した時から実に45年越しで宿題を片付けた。

版を使わないデジタル印刷なので、腕力のない女性でも操作できる。グラビア印刷は重い版の付け替えがあるので、もっぱら男性社員の活躍する仕事だったが、ＦＵＪＩ・Ｍ・Ｏの画面上の操作は経験の浅い女性でもできる。18（平成30）年、わが社を視察に訪れた安倍晋三首相も、若い女性がＦＵＪＩ・Ｍ・Ｏを操る様子に大層驚いておられた。

とはいえ、仕上がりの色調などはベテラン社員がチェックする。これはさすがに経験がモノを言う。若手とベテランのコンビネーションが素晴らしい仕事を見せてくれている。

さて、こうした技術開発のために、私たちは海外の展示会を視察することが多い。印刷機や加工機はイタリアやドイツをはじめとした諸外国のほうが進んでいるからだ。

また、前述したように、ユニチカと共同開発した「シュリンク・ナイロン」のように、ハムやソーセージのパッケージ用フィルムとしてオーストラリアやヨーロッパ、南アフリカ、中南米などで販売されているものもある。

これらは代理店を通じての販売だった。だが、代理店だけでは間に合わないので、当時開発部にいた深堀純一君が、スペインはバルセロナの代理店に1カ月ほど長期出張した。製袋機の技術指導のためだ。

帰国後、深堀君は引き続き海外で仕事がしたいと申し出た。私もデザイン事務所を海外に置きたいと考えていたので、ロサンゼルスに行ってもらうことにした。

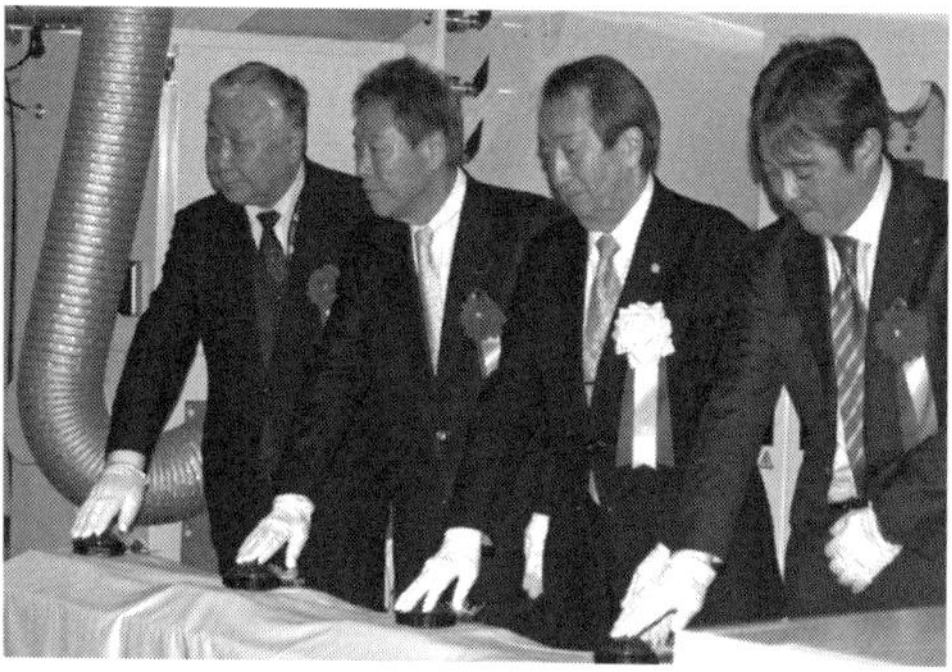

「FUJI・M・O」の発表会（右から２人目が私）

アメリカに事務所開設

1988（昭和63）年に、深堀君（現・執行役員総務部長）をアメリカ・ロサンゼルスに派遣した。

もともと富士特殊紙業は、土屋孝志がアメリカのお菓子の包装紙の美しさに心ひかれたところから始まった。1980年代も海外などとのやり取りで、トルコ、ギリシャ、スペインなどのきれいなデザインを目にする機会が増えていた。

デザインのようなセンスが大事なものは、環境によって感性が磨かれてこそ輝く。ゆくゆくはデザイナーをアメリカに派遣し、そこで感性を高めてほしいと思っていた。その下地づくりの意味も込めて、深堀君にロサンゼルスに行ってもらうことにした。

深堀君は3年ほど、ロサンゼルス在住の知人とアメリカ中を回り、市場を調査した。オーストラリアやヨーロッパのようにシュリンク・ナイロンのパッケージを売れないだろうかと模索したが、アメリカの肉加工品はソーセージなどほとんどが腸詰めであり、シュリンク・ナイロンの販売は難しいと分かった。

だが、アメリカでは健康食品がブームになっていて、レトルト食品が注目されていた。それで、私たちが開発した独自のレトルト・パウチを売り込むことにした。

それはアルミ箔とポリエステルフィルムの間にナイロンを挟んで強度を高めたもので、アメリカにもないものだった。深堀君はアメリカのレトルト食品メーカー、ランド・オー・フロスト社のポール・バンエクレン社長と会い、このレトルト・パウチを高く評価してもらった。

また、これがきっかけでアメリカの食品包装規格のFDA、USDA、MILを取得。これは実際の取引で大きな信用となった。

こうした深堀君の働きを踏まえ、いよいよ次にはデザイナー2人をロサンゼルスに派遣した。アパートを借りてそこを事務所とし、現地でも2人のデザイナーを採用した。

アパートの前にはスーパーもあり、そこでアメリカのパッケージのデザインにも触れられる、そんな場所だ。

若き深堀純一君（左）と畜肉メーカー社長

素晴らしきＬＡ

ロサンゼルスは気候が良く、開放的なラテン系のノリがあり、デザイナーに良い刺激を与えると思ったからだ。

私も何度か訪れたことがあるが、80代と思われる高齢者も原色の派手な格好をしていたりする街だ。近くにディズニーランドもあり、海岸線も美しい。太陽の光がサンサンと降り注ぐ、そんな街に住めば、デザイン的な感性も必ず影響を受けると思った。

うまい具合に知人の息子さんがアメリカでデザイナーの仕事をしていた。この人にわが社のデザイン事務所の顧問になってもらい、派遣したデザイナーをサポートしてもらった。

時差を利用して効率的な仕事もできた。日本で夕方、ロスに仕事を発注すると、翌朝にはデザインが日本に届いた。

デザイナーを半年ずつの交代制で送り、最終的に4人のデザイナーがアメリカで勉強してきた。現在、デザインを担当する関連会社、暁デザイン事務所に今もその時のデザイナーが勤めている。

海外進出では、近年も新しい動きがあった。中国の畜産品メーカーとの合併会社の設立だ。

わが社のシュリンク・ナイロンによる包装材をハム、ソーセージなどの包装に使いたいという話が、大手商社を通じて持ち込まれた。それは「新希望六和食品」といって、飼料、肥料、牧畜、農産品、不動産、銀行事業などを手掛ける一大コンツェルン「希望集団」の子会社だった。

希望集団は、畜産業が盛んな四川省に本部があり、飼料、肥料のメーカーとしては世界的に知られていた。せっかく良い原材料があるのだから、畜肉の加工食品にも力を入れることになったらしい。

新しく始めるなら、パッケージも新しいものをと考え、白羽の矢が立ったのがわが社だった。日本ではマルハニチロの特定保健用食品「リサーラ」がシュリンク・ナイロンケーシング使用のヒット商品となっていた。中国ではまだ塩化ビニリデンという素材が使われていて、安全で環境に優しく、カラーできれいに印刷できるシュリンク・ナイロンを使おうということになったようだ。

LA に派遣されたデザイナー

中国印刷機の進化

新希望六和食品の話を持ち込んできた日本の商社とは当時、取引がなかった。

中国からは以前も「輸入したい」という話が何度か来たことがあるが、先方の求める値段が安すぎる上に注文数が多すぎて、折り合いをつけるのが難しかった。

今回の話も最初は断った。すると「中国に工場をつくり、こちらで生産してほしい」と要望してきた。原料を輸出し、インキは中国にある東洋インキの工場で供給して印刷すればいいわけだ。

だが、これも断ったところ、今度は商社がそのやり方でシミュレーションした見積もりを出してきた。すると、現在中国で使っているソーセージのケーシングよりも約1割高くなることが分かった。しかし、先方はその範囲内であればシュリンク・ナイロンがほしいという。

新希望六和食品も、同社の親会社の得意先である畜産品メーカーと競合するかもしれないので、やるなら全く新しいパッケージで、他にない商品として出したかったようだ。しかも先方は合弁会社を望んでいた。

それで2014（平成26）年、新希望六和食品と日本の国際紙パルプ商事、当社の3社で合弁会社「成都新国富包装材料有限公司」設立に向けた調印式を行った。17（平成29）年には工場も完成した。

相手は近いと言っても外国なので、私は慎重に考えている。ただ、中国では環境問題への関心も高まっていて、先方はグラビア印刷を水性化したいようでもある。

現在、その合併会社はハム、ソーセージのパーケージに加えて一般の包材も生産している。今後は中国版「PACKAGE WORLD」として、もっと大きくなっていくだろう。

この工場を建てるのに、印刷機などはすべて中国で作った。値段がとても安いからだ。しかも品質はしっかりしている。今度、わが社もそのメーカーから機械を買う予定だ。中国の進化はなかなか恐ろしいと思った。

中国での合併会社調印式（左から２人目が私）

第3部　地域とともに

本社工場の移転

瀬戸市の新本社工場の落成式で行った祝賀会で私は「今日から〝瀬戸もの〟になります」とあいさつした。1993（平成5）年、本社工場を瀬戸市暁町の暁西部地区工業団地に移転させたことで、瀬戸が私たちの「地元」になった。その決意表明だった。

それまでの工場では生産が限界に達していた。デジタル化に対応する必要もあった。また、何よりも向かいに巨大ショッピングモールができることになり、本社工場をリニューアルするだけではなく、移転せざるを得なくなった。運良く移転先として暁西部地区工業団地が見つかったのは、前述した通りだ。

工場が集まった工業団地とはいえ、やはり工場は地域に影響を及ぼす。騒音、臭い、排水、振動などだ。だからこそ地域との融和、協調、連携は絶対に必要となる。

瀬戸市への移転が決まってすぐ、瀬戸市でリクルート活動を始めた。パートタイム従業員にもトレーニングが必要なので、新しい本社工場が完成する2年前に空き工場を借り、そこでパッケージの一部生産を始めた。名古屋からベテラン従業員を送り、新しく雇ったパートタイム従業員の指導をお願いした。

瀬戸で新しく採用した社員には、瀬戸から名古屋本社に通ってもらった。少し遠くへの通勤になったが、2年後には瀬戸に移ると決まっていたので、皆我慢してくれた。

こうして私たちは〝瀬戸もの〟となっていった。私は地元団体の役職にも就いた。

瀬戸暁工業団地協議会会長を97（平成9）年から2015（平成27）年まで務めた。今も副会長だ。協議会の会長職には、せと・まるっとミュージアム・観光協会、瀬戸健康管理センター、瀬戸キャリア教育推進協議会などの付随した職務があり、行政や地域に関する職にも就いた。

暁工業団地の企業が納める地方税は瀬戸市の歳入に占めるウェートも高く、また工業団地全体で2千人近く雇用している。それだけ暁工業団地はインパクトの大きな存在だと言える。

新本社工場の落成式で瀬戸市観光協会に新車を寄贈（右が私）

国際交流の架け橋に

1999（平成11）年、瀬戸市国際センター理事長に就任したのも、早稲田大学の先輩、増岡錦也氏が瀬戸市長に当選したため、後任として引き継いでのことだった。

そのころ、2005（平成17）年開催の万博は瀬戸市に決まっていた。しかし、実際に開催された愛・地球博は長久手がメイン会場となった。当初は瀬戸会場がメインと予定されていた。それを思い出していただきたい。

また、増岡市長が瀬戸市の国際都市化を進めていたので、万博開催が決まってから私は国際センター理事長として、瀬戸市の姉妹提携都市を増やす仕事を担うことになった。増岡市長が掲げていたのは、窯業が盛んな都市との提携だった。

それで中国の景徳鎮市、フランスのリモージュ市、チュニジアのナブール市、韓国の利川《イチョン》市と姉妹都市提携した。提携してからの10年は、私も友好のために理事長としてそれらの国によく行ったものだ。

万博でも友好親善大使に任命され、各国から賓客を迎えるナショナルデーにもできるかぎり参加した。当時は会社と万博会場をしょっちゅう行き来し、多忙を極めたことが思い出される。

ポスト万博でも国際親善に取り組んだ。

日本で働く外国人も増えてきている。瀬戸市にも日系ブラジル人や日系ペルー人をはじめ、外国人技能実習生、留学生など、外国人が約3千人はいる。そこで多文化共生を進める活動を国際センターで行うことにした。

外国人の方にも日本の文化に馴染んでもらいながら、瀬戸の人たちにも異文化を理解してもらおうと考えた。そのために、国際センターが両者の橋渡しの窓口になった。

この多文化共生事業でも特に大きなものが、瀬戸北ロータリークラブとともに開催している「ＮＩＨＯＮＧＯスピーチコンテスト」だ。

ナブール市のモンセフ市長を表敬訪問した私

瀬戸市国際センター理事長

多文化共生事業に取り組む中の大きなイベントとして開催している「NIHONGOスピーチコンテスト」。11回目となった2018（平成30）年は33人が参加した。日本人が英語でスピーチするコンテストは多いが、外国人による日本語のスピーチコンテストは少ないと思う。

最初は働く外国人、つまり大人だけを対象としたコンテストだった。その後、観客動員を増やすために子どもも参加できるようにした。子どもが参加すると、必ず親や友人たちも来場する。それまで観客動員100人弱だったが、狙い通り、300人収容の会場が満席になった。

参加する外国人は当初、中国人、韓国人が多かった。その後、ペルー人、ブラジル人、フィリピン人も参加し始め、11回目あたりからベトナム人が圧倒的に増えてきた。

コンテストの後はお国柄を披露するパフォーマンスやトークショーを行い、さらにおにぎりや寿司などを出して交流会を開く。瀬戸が誇るB級グルメ「瀬戸焼そば」も振る舞う。この間に私たちは審査をする。賞状を書くのも、結構時間がかかるものだ。

また、万博をきっかけに子ども国際交流基金をつくり、それによって子どもたちの海外渡航や外国の子どもの受け入れ支援を始めた。

最近は距離的にも近い韓国は利川市との交流を盛んに行っている。フランスのリモージュ市で行われる音楽祭にも、瀬戸から青少年が参加している。

愛・地球博でも国際交流に努め、その後も10年以上、瀬戸市での多文化共生を進めてきた。瀬戸市は外国人にとって働きやすい、住みやすい都市になってきているはずだ。

実際、わが社でもベトナムからの外国人技能実習生が仕事をしながら学んでいる。

日本語スピーチコンテストであいさつする私

沖縄サミット

2000（平成12）年に沖縄で第26回主要国首脳会議が開かれた。通称、沖縄サミットだ。メイン会場の名護市の市長、岸本建男氏は早稲田大学の後輩だった。しかも名護市の代議士、嘉数知賢君が私の大学時代の同級生だったこともあり、彼の薦めで、まずこの沖縄サミットの公式ポスターをわが社の水性グラビア印刷でつくることになった。雨が降っても日が照っても変色しないというものだ。

この時、最初に刷ったポスターは幻のポスターとなってしまった。当初、沖縄にクリントン大統領が来ると言われていた。それが間際になって大統領ではなくオルブライト国務長官となり、それによってポスターに入れる国旗の順番が変わってしまった。それで急きょ、ポスターを刷り直したのだ。

このポスターはカレンダーにもなっていて評判も良く、プレスセンターに置いておいたら、あっという間になくなってしまったため、急ぎ追加印刷をした。ちなみに〝幻のポスター〟はわが社の本社工場の廊下に今も貼ってある。

また、沖縄サミットは5（平成17）年の愛・地球博を控えての開催だったので、私が理事長を務めていた瀬戸市国際センターとしても、名護市と瀬戸市の交流の仲立ちをした。当時の名護市長は早稲田大学の後輩、瀬戸市の増岡市長は先輩だった縁もあった。しかも20世紀最後の国際イベントと、21世紀最初の国際イベントの架け橋となると考えた。

名護市長だった岸本氏は、とても素晴らしい人物だった。その後、基地問題に命懸けで取り組んだが、惜しくもガンで早逝した。

さて、9（平成21）年から15（平成27）年まで瀬戸旭法人会会長も務めた。ここでは4本の大きな柱に取り組んだ。

子どもへの税金教育、大人向けの消費税の啓蒙、税制改正に関する提言、事業承継だ。

沖縄サミット「幻のポスター」

瀬戸商工会議所副会頭

大きく四つの取り組みを次のように進めた。

一つは子どもへの税金教育だ。法人会が小中学校で税についての授業を行った。先進国で日本だけが小学校での税金教育のカリキュラムがない。なぜ救急車が来てくれるのか。なぜ警察が悪人を捕まえてくれるのか。それらはすべて税金で成り立っている。そういう教育をしていないので、選挙にも政治にも無関心になってしまう。私は常々、税については義務教育の授業にすべきだと思っている。

会員向けには消費税や法人税の講習会も開いた。これが2本目の柱だ。

そして3本目の柱として、税制改正に関する提言を行ってきた。

また、事業承継の問題が4本目の柱だ。2018（平成30）年の統計でも、法人400万社のうち275万社で後継者が決まっていないという。事業承継をきちんと行えるようにしないと、中小企業は滅んでいってしまう。

さて、7（平成19）年から16（平成28）年まで、私は瀬戸商工会議所の副会頭を務め、瀬戸の窯業を市のシンボルにする取り組みに力を入れた。

産業としての窯業は弱くなったが、窯業は瀬戸にとって今でも大きな財産であり、文化だ。そんな歴史のある窯業を文化遺産、観光資源として活用していこうとしている。さらにいろいろな諸工業を誘致し、瀬戸をより良い街にしていこうと考えている。

瀬戸商工会議所ではキャリア教育にも取り組んだ。商工会議所が受け皿となり、経済産業省からの補助金で立ち上げたキャリア教育推進協議会の会長にもなった。

キャリア教育として、瀬戸市の全中学の2年生に3日間の職場体験をしてもらった。受け入れ先は商店街を含めた店舗や企業などだ。もちろん、わが社もその受け入れ先になった。

また、小学校には文化人など、さまざまな職業の人に出張授業を行ってもらった。よく知られた人、話がうまい人を選んだ。皆さんボランティアで快く引き受けてくれた。

キャリア教育ではパッケージ作り、製品作り、
スーパーでの販売などを体験

Ｂ―１グランプリに挑戦

このキャリア教育の取り組みを進めるのに当たり、学校、教師、ＰＴＡとしっかり話し合いを重ね、協力を仰いだ。

また、助成金が出た最初の３年間は、コンサルティング会社と契約して運営を手伝ってもらった。そこでキャリア教育推進協議会のメンバーがノウハウを身につけ、キャリア教育を継続できるようにした。こういうものは最低10年は続けないといけないというのが、私の持論だ。

この取り組みによって、キャリア教育の全国大会で瀬戸市が優勝した。これをきっかけに市からも援助してもらえるようになった。キャリア教育の取り組みは経済産業省の補助金が出た最初の３年間を超え、さらに10年を超えて今も続いている。

他にも商工会議所では、地元のB級グルメ、「瀬戸焼そば」の普及活動を始めた。

瀬戸焼そばが誕生したのは昭和30年代だという。名鉄瀬戸線尾張瀬戸駅近くにある深川神社周辺の飲食店が発祥で、豚の煮汁を使ったしょうゆベースの焼きそばだ。2011（平成23）年、商工会議所を事務局として市民団体「瀬戸焼そばアカデミー」が発足。私も発起人の1人となった。

地場産業の瀬戸焼と地元グルメを結びつけて瀬戸市をアピールする商工会議所の事業がきっかけだった。瀬戸焼にも注目してもらうのが狙いで、あえて送りの「き」を入れない「瀬戸焼そば」という名称にした。

早速、地元のせともの祭で「瀬戸焼そば広場」を出店し、B―1グランプリ全国大会にも参加した。

また、18（平成30）年には、稲沢市の「国府宮はだか祭」に大鏡餅を奉納する瀬戸市奉賛会にも商工会議所が主体となって参加した。

国府宮神社は「尾張大國霊神社」の通称で、古来、尾張の国の総鎮守の神、農商業守護の神、厄除けの神などとしてたてまつられてきた。その国府宮神社最大の神事が、旧暦の正月13日に行われるはだか祭だ。

この国府宮はだか祭には周辺市町村が持ち回りで大鏡餅を奉納することになっていて、瀬戸市は１９６４（昭和39）年以来、実に54年ぶりの奉納となった。

「せともの祭り」に出店する「瀬戸焼そばアカデミー」

１２００人での餅つき

２０１４（平成26）年、４年後の国府宮はだか祭に瀬戸から大鏡餅を奉納するという話が、瀬戸商工会議所に持ち込まれた。それで奉賛会を立ち上げることになり、副会長の役が回ってきた。

会では大鏡餅を奉納するために田植えから行う。この田植えまでを行ったところで会長が体調を崩し、私が代役を担うことになった。

田植えや稲の刈り取りなどの人を集めるのには苦労した。４トンもの大鏡餅を作る作業は、まさに格闘技だ。それでも延べ４千人の市民が集まってくれた。餅つきだけでも１２００人で行った。

何せ瀬戸市としても54年ぶりのこと。前回の経験者もいないので、「はだか男」ＯＢでつくる鉄鉾《てっしょう》会から指導を受けた。その支援もあって、無事に奉納できたことはとてもありがたかった。

さて、輸入住宅展示場「ＦＡＭＥＳ（フェイムズ）」の運営も、地域貢献になればとの思いからだった。きっかけは本社工場の瀬戸市への移転だ。

１９９４（平成６）年、わが社は名古屋市西区から瀬戸市の暁西部工業団地に移転した。旧本社工場の跡地は5千坪、つまり１万６５００平方メートルあった。

移転を進めている時はバブル全盛期で、この土地を買いたいという話がいくつも来た。だが、移転を完了したころにはバブルが崩壊していて、買い手はすっかり姿を消していた。

跡地の前には巨大ショッピングモール「ワンダーシティ」が建てられた。このワンダーシティが、本社工場跡を駐車場にしたいと言ってきた。そこで４千坪を貸すことになった。

さらに中部通商産業局（現・中部経済産業局）とＪＥＴＲＯ（日本貿易振興機構）が、輸入住宅展示場の用地として貸してほしいと言ってきた。こちらには残りの1千坪を貸し、オープンしたのがＦＡＭＥＳだ。

その上、このＦＡＭＥＳの運営もやってほしいと依頼された。これも地域貢献になればと考えて引き受けることにした。

国府宮はだか祭に瀬戸市から大鏡餅を奉納

カナダからの祝電

ＦＡＭＥＳの運営については、以前、アメリカのロサンゼルスに長期出張してもらった深堀純一君を運営の責任者とした。

まず、カナダの建築家に設計を依頼し、スーパーバイザーを呼んで事務棟のセンターハウスを建てた。これは竹中工務店が建設した。

１９９６（平成８）年、カナダのジャン・クレティエン首相、アメリカのウォルター・モンデール駐日大使などを招いて竣工《しゅんこう》式を執り行った。この時、瀬戸市とカナダのカルガリーが万博開催都市に立候補していたので、私はクレティエン首相に

「開催都市に決まった方に、お互いに祝電を送ることにしましょう」と提案した。首相は快諾してくれた。

翌年、モナコで開催された博覧会国際事務局の総会で開催都市が瀬戸市に決まると、クレティエン首相から祝電が届いた。約束を果たしてくれたわけだ。

一方、FAMESは10年間開設され、岡谷鋼機、内田橋住宅、フロンヴィルなど8社がモデルハウスを建てた。輸入住宅人気もあって注目され、年間27万人が訪れるほど盛況だった。

また、仕事柄、危険物安全協会についても書いておかなければいけない。瀬戸市危険物安全協会の会長には2016(平成28)年に就任した。それまでずっと副会長だった。

有機溶剤を扱う業種ゆえに、工場設備および建物その他の工場に関わることすべては、消防署の承認を得なければいけない。それもあって、消防活動には名古屋時代から積極的に参加してきた。

名古屋市西区危険物安全協会の副会長も務めた。瀬戸に来ても、まず危険物安全協会に入会した。それで理事、副会長をやって、現在は会長を務めている。

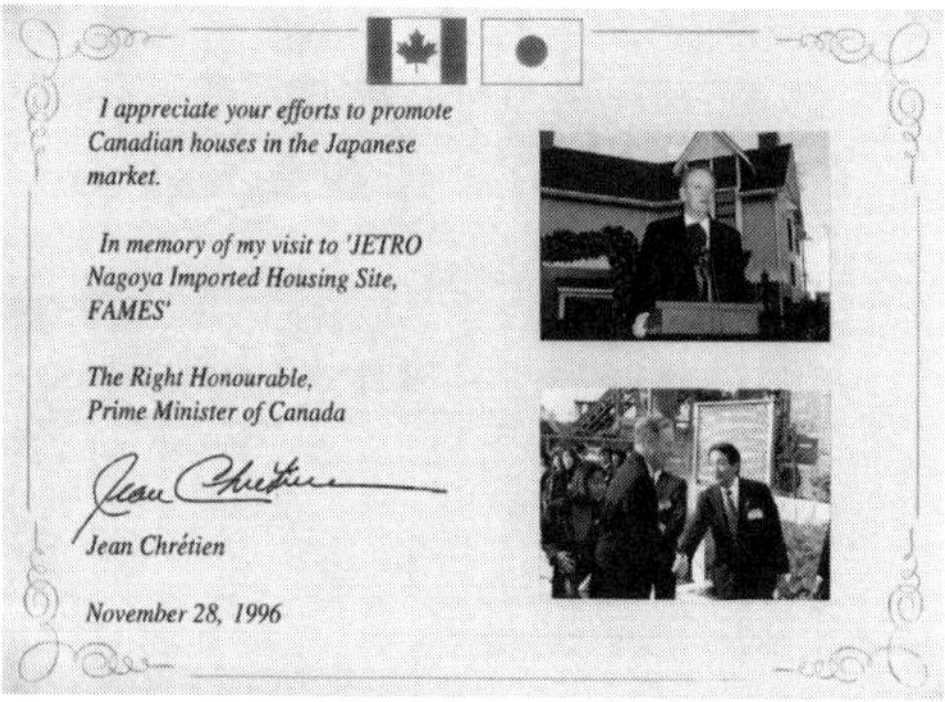

I appreciate your efforts to promote Canadian houses in the Japanese market.

In memory of my visit to 'JETRO Nagoya Imported Housing Site, FAMES'

The Right Honourable,
Prime Minister of Canada

Jean Chrétien

November 28, 1996

カナダのクレティエン首相から届いたメッセージ

大切な「火育」

瀬戸市危険物安全協会の会員は、ガソリンスタンドやＬＰガススタンドの他、陶磁器業者も多い。陶磁器を焼くためには一般家庭とは桁違いに多くのガスを使う。何せ１４００度までの高温の炎をひと晩中燃やし続けるのだから。そのように地域性が強いので、私はずっと副会長でいるつもりだった。会長には地場産業の人がふさわしいと思ったからだ。だが、会長が急逝されて、そうも言っていられなくなった。

２０１７（平成29）年、瀬戸市危険物安全協会が創立60周年を迎えた。記念事業としてイベントを開催することになり、私は子どもたちを集めることを考えた。やはり「火育《ひいく》」は子どものうちから必要だ。

火育は全国的にも注目されている。現代社会では子どもが火に接することがなくなってきているからだ。マッチを家庭に置いておくことがなくなってきた。仏壇が少なくなったので、線香に火をつける機会も少ない。オール電化ではそもそもキッチンに火がない。火は便利だが怖いものだと、きちんと教える必要があると思う。

その年の8月19日、瀬戸市消防署と関係団体の協力を得て、市文化センターで瀬戸市危険物安全協会創立60周年記念事業「夏祭り・こども火祭り」を、小学生とその家族限定で開催した。

体験コーナーでは「火起こし体験」「灯明《とうみょう》体験」「初期消火体験」「ぽんぽん船作り」などを用意。ステージでは幼稚園や小学校のバトン部などが、シンガーソングライターの佐藤梓さんや三味線と民謡の師匠、壇上りえさんの指導で歌や踊りのパフォーマンスを披露した。瀬戸焼そば、流しそうめん、猪肉BBQ、綿菓子、かき氷などのグルメコーナーも設置した。

この日に子どもたちに配る袋をわが社で作った。瀬戸市の消防車、はしご車などを印刷し、中にはわが社の得意先である菓子メーカーなどの商品を詰めた袋だ。

午後6時からの開催だったが、2千人以上が集まった。60周年ということで消防署にドローンとオートバイも寄贈した。そしてこのお祭りは手筒花火で幕を閉じた。

「夏祭り・こども火祭り」であいさつ

話は終わらない

創立60周年記念事業「夏祭り・こども火祭り」これが大盛況で、今年も引き続き開催してほしいと言われた。２０１７（平成29）年は会の60周年だったのでできたが、２年連続はさすがに難しい。ただ、消火訓練競練会、出初式、消防団の観閲式にも火育を取り入れ、子どもたちも参加できる催しにすることになった。

もともと静岡県富士市で創業したわが社だが、その後、名古屋を経て瀬戸市に移ってきた。やはりこれも何かの縁だったのだろう。その縁があって〝地元〟となった瀬戸市だ。これからも大なり小なり、地元に役立つことに取り組んでいきたいと思う。

私たちは親子3代にわたってパッケージの仕事を続けている。事業承継がどの業界でも大きな課題となっている今、わが社は後継者が育ってくれた。息子がわが社に入社し、経営を継いでくれた。その現社長は「PACKAGE WORLD」の推進に私以上に積極的だ。私は恵まれていると感じている。

特に忘れられないのは、やはり創業者で義父の土屋孝志が亡くなる直前、息子の真一郎が水性グラビア印刷の商品化最初の刷り見本を、病床の義父に届けたことだ。

それまで水性グラビア印刷の研究開発には相当な時間やお金をつぎ込んでいた。しかし、すぐには商品化に結びつかなかったので、入院中の義父は「いつになったらモノになるのだ」と、イライラしながら成果を待っていた。

そこに商品化の第1号となる刷り見本を持って、夜勤明けの孫が姿を見せたのだから、義父の喜びようも大きかった。すっかり安心したのか、その1週間後に亡くなった。

私は今、義父の年齢も実父の年齢も超えた。しかし、これからの富士特殊紙業、つまりこれからのフジトクについては、書くことはまだまだたくさんある。それらを3代目にバトンタッチしたい。

未来に向かって「PACKAGE　WORLD」を推進する

発刊によせて

代表取締役社長　杉山真一郎

「フジトクとの出会いは運命だった」の発刊にあたり、ご挨拶申し上げます。この度、２０２０年に富士特殊紙業は創立70周年を迎え、会長であり私の父でもある杉山仁朗が執筆し、上梓させていただきました。

戦後、創業者である私の祖父から食品包装が始まり、高度経済成長期に仁朗が会社を成長させて事業拡大。そして私が後を継ぎ、現在は食に寄り添う企業として、環境問題にも力を入れています。

私は食品パッケージはなくならないと考えております。よってフジトクは持続的な成長を追求します。しかし近年、わが社や同じ食品業界においても人手不足に悩まされており、作業の機械化が検討されています。特にグラビア印刷はできれば機械化したいが、職人が手がけていることによる難しさがあります。今後幣業界はイノベーションが起きると感じております。未来へ引き継ぐフジトクの技術は何か、フジトクの強みは何かを見極め、新しいことに挑戦し続けることが会社の永続につながると信じています。

本書を通して皆さまには、食品包装業界が社会へどのように貢献してきたかを知っていただければ幸いです。フジトクが社会・流通の発展にどれほど寄与しているかということが分かります。創業時や技術開発なども描かれていますが、大事なのは地域への社会貢献。

社是「誇りの持てる良いパッケージを社会に提供する・会社の繁栄と社員の幸福が常に一致する経営を行う」

これは創業者である祖父の時代に掲げていました。リーマンショックの時、どれだけ働いても利益が出ない、ということがありました。これでは社員の幸せにつながらないと感じ、私の代では改めて社是に込められた創業時の想いを忘れないよう、改めて掲げることにしました。

周年を迎え、私がすべきことは「会社を永続させること・従業員に仕事を楽しく、やりがいや誇りを持っていただけるような仕組みづくりをすること」、まずは従業員の幸せを大事にすることで会社の繁栄につなげていきたいと考えております。

そして、新たに他社とコラボレーションを通して新しいビジネス、商品を創出。フジトクは時代に合わせ、食に寄り添ったパッケージ作りを続けていきます。

最後になりますが、発刊にあたっては中部経済新聞社の皆さまにはお世話になりました。富士特殊紙業の従業員各位には一層のご活躍とご健勝を祈り、結びの言葉といたします。

２０２０年１月吉日

＊本書は中部経済新聞に令和元年五月一日から同年六月二十九日まで五十回にわたって連載された『マイウェイ』を改題し、新書化にあたり加筆修正しました。

杉山 仁朗(すぎやま きみお)

1942（昭和 17）年生まれ。66 年早稲田大学政経学部卒。同年三共（現・第一三共）に入社。70 年富士特殊紙業入社。71 年常務、73 年専務、96 年社長、2017 年から会長を務める。愛知県包装食品技術協会会長、瀬戸市国際センター理事長なども務める。
静岡県清水市出身。

中経マイウェイ新書　046

フジトクとの出会《であ》いは運命《うんめい》だった

2020 年 3 月 22 日　初版第 1 刷発行

・

著者　杉山《すぎやま》 仁朗《きみお》

発行者　恒成 秀洋　発行所　中部経済新聞社

名古屋市中村区名駅4-4-10　〒450-8561
電話 052-561-5675(事業部)

印刷所　モリモト印刷株式会社　製本所　株式会社三森製本

ISBN978-4-88520-226-1